Bernd Nagel

Sinnzeichen

Bernd Nagel

Sinnzeichen

Symbole in der Bestattungspredigt

Fromm Verlag

Impressum / Imprint
Bibliografische Information der Deutschen Nationalbibliothek: Die Deutsche Nationalbibliothek verzeichnet diese Publikation in der Deutschen Nationalbibliografie; detaillierte bibliografische Daten sind im Internet über http://dnb.d-nb.de abrufbar.

Bibliographic information published by the Deutsche Nationalbibliothek: The Deutsche Nationalbibliothek lists this publication in the Deutsche Nationalbibliografie; detailed bibliographic data are available in the Internet at http://dnb.d-nb.de.

Verlag / Publisher:
Fromm Verlag
ist ein Imprint der / is a trademark of
OmniScriptum GmbH & Co. KG
Heinrich-Böcking-Str. 6-8, 66121 Saarbrücken, Deutschland / Germany
Email: info@frommverlag.de

Herstellung: siehe letzte Seite /
Printed at: see last page
ISBN: 978-3-8416-0324-1

Inhalt

Einleitung

> Wo immer ein Symbol wirkt,
> gibt es Bedeutung.
>
> Susanne Langer[1]

In meiner Erinnerung findet sich eine Schlüsselszene. Am Beginn einer Weiterbildungsgruppe waren die Teilnehmenden aufgefordert, aus einer großen Zahl von Gegenständen einen auszuwählen, der die momentane Befindlichkeit abbildet. Ich hatte reichlich gefüllte Wochen hinter mir, war mit dem Zug angereist und hatte dementsprechend zeitliche Verzögerungen eingeplant; gerade rechtzeitig angekommen, äußerlich zumindest, saß ich im Stuhlkreis. Und spontan habe ich auf die freundliche Aufforderung der Seminarleiterin hin nach einem kleinen Holzkreisel gegriffen. Ja, der bildet mein Gefühl gut ab, dachte ich, wie ein Kreisel: hohes Drehmoment, dass einem fast schwindelig wird; schnelle Bewegung, dass die geraden Linien vor Augen verschwimmen; unermüdlich und bei aller Beschäftigung mit vielen herausfordernden Dingen doch oft ein Drehen um sich selbst.

Beim gegenseitigen Erzählen über die gewählten Gegenstände sagte dann eine Teilnehmerin überraschend, sie hätte auch gern den Kreisel genommen, aber ich sei schneller gewesen. Ja genau: schneller. Sie sei zu langsam und ihr Leben biete für ihren Geschmack zu wenig Abwechslung. Sie wünsche sich mehr Bewegung in ihrem Leben. Deshalb habe ihr der Holzkreisel gut gefallen. Angesprochen habe sie auch die leuchtend bunte Farblinie, die sich über die gesamte Fläche ziehe. Als ich ihr zuhörte, merkte ich, dass mir die leuchtende Linie gar nicht aufgefallen war. Und sie erzählte weiter von ihren Überlegungen

[1] Susanne Langer, Philosophie auf neuem Wege, Frankfurt 1965, S. 68

zum Kreisel, dass er nämlich in seiner Symbolik eine Kehrseite hätte, die auch zu ihr passe. Er brauche nämlich einen Anstoß von außen, um sich in Bewegung zu setzen. Genauso ginge es ihr auch. Immer müssten andere den Anstoß zu einer Aktivität geben, sie brauche immer den ‚Tritt in den Hintern', das gehe ihr ‚total auf den Zeiger'. Wenn wir reden, ist auch unsere Sprache voller Symbole, entdeckte ich beim Zuhören. Und mir rückte in dieser Szene einmal mehr ins Bewusstsein, welche Kraft zur Symbolbildung der Gegenstand besitzt, wie vielfältig und offen für die individuelle Deutung das symbolische Objekt ist, wie es den Raum öffnet für eine neue Dimension der Wahrnehmung. Neben einer universal „gültigen" Deutung eines Symbols, die etwa darin zum Ausdruck kommt, dass Menschen verschiedenster Kulturkreise im Symbol des Baumes unschwer den Lebensbaum entdecken, ist ein Symbol doch nicht in *einer* Deutung geschlossen, sondern eng verbunden mit individuellen Erfahrungen, erlebter Praxis und subjektiven Deutemustern. Es lässt Raum, das je eigene Erleben im Rahmen von Biografie, Interaktion, Lernen, historischem und institutionellem Kontext zu explizieren. Das Symbol lässt sich nicht rein rational übersetzen oder auslegen; als Träger einer Bedeutung enthält es immer einen Bedeutungsüberschuss, der über das hinausreicht, was vor Augen ist.

Der Begriff **Symbol** kommt aus dem Griechischen und meint soviel wie ‚Zeichen'; in der Verbform heißt er übersetzt ‚zusammenwerfen'. Im Altertum verwendete man ein Tongebilde oder ein Holzstück, das gebrochen wurde und etwa im Fall von Vertragspartnern zu einem späteren Zeitpunkt als Erkennungszeichen diente. Jeder Vertragspartner erhielt einen Teil, der in der Folge beim Überbringen einer Mitteilung, was häufig durch Boten geschah, bei Passung als Ausweis der

Glaubwürdigkeit, als Zeichen der Vertrauenswürdigkeit diente. Indem die Teile zusammengesetzt werden, entsteht das Symbol und dieses steht für eine Bedeutung, die nicht unmittelbar ansichtig ist; es löst eine Wirkung aus, die tiefere Schichten anrührt. „Symbole berühren immer die Sinne und Emotionen und eröffnen psychische Räume", führt *Katharina Witte* aus. Und weiter: „Symbole werden erlebt und brauchen die Bereitschaft, sich emotional ansprechen zu lassen."[2] Umgekehrt muss demzufolge derjenige, der Symbole verwendet, zulassen, dass sein Gegenüber immer auch eigene Wege beschreitet in seinen Gedanken und Gefühlen, die Mehrdeutigkeit des Symbols nutzt für sein Wahrnehmen und Erkennen.

Ohne Symbolbildung ist menschliche Kommunikation nicht denkbar. Es sind die nichtsprachlichen Symbole in Form von Bildern, Geschichten, Zeichen, Farben, Bewegungen u.ä., die einen wesentlichen Teil der Kommunikation ausmachen. Sie werden angewandt, wenn komplexe Sachverhalte auf den Punkt gebracht oder Gefühle zum Ausdruck gebracht werden sollen, wenn es also nicht um argumentative Vollzüge geht.

Darauf hat mit Nachdruck der Kulturphilosoph *Ernst Cassirer* hingewiesen. Gemäß seinem Wesen fragt der Mensch nach Sinn und Bedeutung, stellt Cassirer fest. Dies gilt besonders an den Bruchstellen des Lebens, in Grenzsituationen, die für die seelsorgliche Begegnung von herausgehobener Bedeutung sind und damit für die Begleitung trauernder Menschen in Gespräch und Bestattungsgottesdienst. Der Mensch sei ein symbolbildendes Wesen; in seinem Bezug zur Welt

---

[2] Katharina Witte, Die Kunst des Denkens in Bildern, in: Ferdinand Buer (Hrsg), Praxis der Psychodramatischen Supervision, Opladen 2001, S.145

angewiesen auf Symbolisierung, die als immanente Gliederung des sinnlichen Gehalts Voraussetzung dafür sei, dass die Welt nicht als amorphe Masse begegne. Im kreativen Akt der Symbolisierung gibt der Mensch den von ihm wahrgenommenen Teilen dessen, was wir *Wirklichkeit* nennen, eine Form, die das Wahrgenommene in ein Sinnganzes integriert und die Wahrnehmungsinhalte ordnet. Erst die Formen lassen Bezüge und Zusammenhänge in der Welt erkennen, sagt Cassirer, so dass mit der Formgebung eine Sinngebung einhergeht. Durch den Akt der Symbolisierung bestimmt der Mensch sich und seinen Sinn.

In der Nachfolge Cassirers bezeichnet *Susanne Langer* Symbole als Mittel zur Repräsentation von Objekten, die nicht für das Objekt selbst stehen, sondern für die Vorstellung eines Objekts. „Symbole sind nicht Stellvertretung ihrer Gegenstände, sondern Vehikel für die Vorstellung von Gegenständen. Wenn wir über die Dinge sprechen, so besitzen wir Vorstellungen von ihnen, nicht aber die Dinge selber, und die Vorstellung, nicht die Dinge, sind das, was Symbole direkt meinen."[3] Diese Differenzierung ist mit Blick auf die Verwendung von Symbolen im Zusammenhang mit der Beschreibung eines zu Ende gegangenen Lebenslaufs in der Bestattungspredigt von Bedeutung. So stehen die Symbole nicht für den verstorbenen Menschen, erheben nicht den Anspruch, ihn in Gänze abzubilden oder gar das vollständige Lebensbild abschließend festzulegen; sie können eher für einzelne Aspekte, Wesenszüge, Lebensentwürfe und Ideen stehen.

Im Sinne spätmoderner Repräsentationskritik kann dies nicht nachhaltig genug betont werden, steht jede Form der Repräsentation doch immer in der Gefahr, in Macht- und Herrschaftsgebaren verstrickt zu sein. Gerade

[3] Susanne Langer, Philosophie auf neuem Wege, Frankfurt 1965, S. 68

von der Kanzel herunter sollte nicht der Verdacht genährt werden, hier spreche einer, der die ganze Wahrheit kennt oder im Auftrag bestimmter Interessenträger agiert, sich absolute Deutungshoheit anmaßt oder die Bedingungen zum „richtigen" Verstehen setzt – dies wäre das Ende kommunikativer Praxis.

In ihrer näheren Bestimmung des Symbolbegriffs unterscheidet Langer die *diskursive* und *präsentative* Symbolik, wobei erstere die Mitteilung durch sprachliche Formen der Symbolik meint, während die präsentative Symbolik neben dem verbalen Begreifen sinnlich greifbare Gestalten artikuliert mit dem Gewinn, Erfahrungen und emotionale Inhalte zum Ausdruck bringen zu können, die mit diskursiven Sprachmitteln unzugänglich bleiben.

Ohne Symbolbildung ist menschliche Kommunikation nicht denkbar. Es ist fast überflüssig anzumerken, dass dies insbesondere für den religiösen Bereich gilt. Der Theologe und Religionsphilosoph *Paul Tillich* stellt fest, dass das Symbol die einzige Sprache sei, in der sich Religion ausdrücken könne. „Es kann kein Zweifel bestehen, dass jede konkrete Aussage über Gott symbolisch sein muss; denn eine konkrete Aussage ist eine solche, die einen begrenzten Ausschnitt der endlichen Erfahrung benutzt, um etwas über Gott auszusagen. Sie geht dabei über die Grenzen des Ausschnitts hinaus und schließt ihn doch zugleich ein."[4] Von Gott wird in Bildern gesprochen, seine Verheißung wird in Geschichten gekleidet, die gute Botschaft in Gleichnissen expliziert.

---

[4] Paul Tillich, Systematische Theologie, Band 1, Berlin 1958, S. 277

Die Verwendung von Symbolen bei Taufen oder Trauungen ist gängige Praxis. Der symbolische Gebrauch von Objekten bei Bestattungen hingegen ist weniger üblich. Die voranstehenden Ausführungen lassen erahnen, welche kommunikativen Ressourcen durch die Symbolbildung gerade im Fall der Trauerfeier entfaltet werden können.

Ein Symbol bietet einen Ausdruck für Gedanken und Gefühle, die allein sprachlich nur schwer auszudrücken sind. Somit kann es kommunikativ hilfreich sein in einer Zeit, da Worte schwer fallen und der erfahrene Tod die Sprache zu ersticken droht; oft macht der Tod ja wirklich sprachlos.
Es ist aber auch hilfreich bei der oft gestellten Frage, wie die Schattenseiten eines Verstorbenen zum Ausdruck gebracht werden können, um nicht einerseits zu Gericht zu sitzen und zu verurteilen und andererseits nicht der Verleugnung zu erliegen, bei der dann nach der Trauerfeier einige berechtigt sagen: ‚es wird nirgends so viel gelogen wie auf dem Friedhof.' Dies gilt übrigens auch für die Darstellung der Sonnenseiten, die oft nicht leichter auszudrücken sind, sollen sie nicht platt, überzogen oder im menschlichen Sinne maßlos erscheinen.

Ein Symbol kann verschiedene Perspektiven eröffnen, so dass der trauernde Mensch nicht bei seiner gewohnten Sichtweise stehen bleiben muss. Durchaus haben mir nach einem Bestattungsgottesdienst Angehörige gesagt, sie hätten in meiner Darstellung des Lebenswegs die verstorbene Person gut wiedererkannt, sie hätten aber auch Seiten entdeckt, die sie bislang nicht wahrgenommen hätten. Das helfe ihnen, manches im Rückblick besser zu verstehen.
Mit Blick auf das dem Symbol immanente Angebot perspektivischer Möglichkeiten scheint mir ein Aspekt wichtig, den auch die homiletische

und seelsorgliche Sensibilität gebietet: nicht festzulegen, sondern den Blick zu weiten. Es kann ja gerade nicht darum gehen, in der Darstellung das vergangene Leben in eine feste Form zu pressen und von der Kanzel aus abschließend zu interpretieren. Dies wäre anmaßend und stellt doch gleichwohl eine Gefahr dar, wo die Predigerin oder der Prediger ein Lebenspanorama zeichnet. Der symbolische Gebrauch eines Gegenstands in bewusster Vielseitigkeit und Offenheit wirkt der beschriebenen Gefahr entgegen.

Ein Symbol ist sichtbar und spürbar; es kann angefasst werden. Damit hat es den Vorzug, sich deutlicher einzuprägen als Worte allein es vermögen. Dies gilt insbesondere in der Trauersituation, in der Angehörige bisweilen mitteilen, die Predigt sei über weite Strecken an ihnen vorbeigezogen, wie taub hätten sie sich gefühlt, sie hätten das alles gar nicht richtig aufnehmen können, dabei hätten sie doch eigentlich gar keine Beruhigungsmittel genommen, die die Ärztin ihnen angeboten hätte, damit sie die Beerdigung gut überstehen... Das Symbol hilft, dem Gesagten zu folgen. Es bleibt haften, auch wenn viele Worte verblassen. Und es ist nicht selten im Gedächtnis und bietet einen Anknüpfungspunkt in den Begegnungen der möglicherweise an die Beerdigung anschließenden Begleitung.

Symbole sind Bedeutungsträger in einer Situation, in der Menschen insbesondere nach Bedeutung fragen: nach der Bedeutung eines zu Ende gegangenen Lebens, nach der Bedeutung des Sterbens, nach der Bedeutung dessen, was gegenwärtig mit ihnen geschieht.
Sie sind Sinnzeichen in einer Situation, in der Menschen insbesondere nach Sinn fragen.

1. Stehaufmännchen

Frau M. ist im Alter von 78 Jahren gestorben. Ihr Leben war von sogenannten ‚Schicksalsschlägen' geprägt, die sie in Begegnungen immer wieder ansprach. In ihrem Umfeld – Familie und Freundeskreis – galt sie als ausgesprochen ‚lebenslustig', fehlte bei keiner Feier und hatte immer eine scherzhafte Bemerkung auf den Lippen. Mit viel Energie hat sie sich immer wieder aus Krisen befreit und sich selbst als „Stehaufmännchen" charakterisiert.

Predigt: Joh.14,19

Die Gnade Jesu Christi und die Liebe Gottes und die Gemeinschaft heiliger Geistkraft sei mit uns allen, amen.

Liebe Angehörige von D.M. und liebe Trauergemeinde, ein Stehaufmännchen kann an den Boden gedrückt sein, hinfallen, aus der Bahn geworfen werden – es wird immer wieder aufstehen. Kinder können sich endlos lange damit beschäftigen, ein Stehaufmännchen zu beobachten. Fasziniert sehen sie, wie es immer wieder neu aufsteht und den Kopf schließlich oben trägt. Vielleicht sind Kinder ja deshalb so begeistert, weil ein tiefes Gefühl dabei angesprochen wird: niemand muss am Boden bleiben, wenn Rückschläge kommen oder das Schicksal dunkel zugreift; niemand muss sich aufgeben, wenn das Leben seine harte Seite zeigt. Es ist möglich, wieder Boden unter die Füße zu bekommen, nach vorne zu schauen, den Weg fort zu setzen. Einen wichtigen Aspekt unseres Lebens zeigt so ein Stehaufmännchen. Es ist ein Bild dafür, dass es bei aller Bedrängnis und Not immer wieder die Möglichkeit gibt, aufzustehen zum Leben.

„Manche fragen mich, wie ich das schaffe, mich immer wieder am Leben zu erfreuen, wo ich doch schon so viel Schweres erlebt habe – ein richtiges Stehaufmännchen. Aber man kann doch den Kopf nicht hängen lassen. Das Leben muss doch weiter gehen." Liebe Trauergemeinde, so hat D.M. einmal von sich erzählt. „Und wenn man mal den Kopf hängen lässt?" Bei solchen Fragen ist D.M. eher still gewesen oder hat abgewehrt. So war es *ihre* Art, sich selbst hinweg zu helfen über Niederschläge und schwere Erinnerungen. Und so war es *ihre* Art, auch andere zu motivieren, wenn es schwere Lebensphasen gab: „Vergrab dich nicht! Geh unter Leute und unternimm etwas!" Dabei gab es das, was wir ‚Schicksalsschläge' nennen, mehr als genug in ihrem Leben.

Am --- 1922 wurde sie als jüngstes Kind der Eheleute H. und L.B. hier in F. geboren, wo sie mit den Schwestern E., J. und L. aufwuchs. Im Elternhaus war die Gastwirtschaft, wo sie viel geholfen hat und die sie später als Wirtin übernahm. Im Januar 1944 heiratete sie K.M., der in G. als Soldat stationiert war. Aus der Ehe gingen die Töchter H. und J., sowie vier Enkel und zwei Urenkel hervor. Als lebensfroh und kontaktfreudig wurde sie von vielen hier am Ort und über F. hinaus geschätzt. Dies auf dem Hintergrund tiefer Einschnitte in ihrer Biographie durch den Tod lieber Menschen in ganz tragischer Weise. Da war vor allem der Verlust des Ehemannes 1971, der Tod der Tochter J. zehn Jahre später und schließlich das Sterben des Schwiegersohnes vor sechs Jahren. Dies alles hat ihre Seele verwundet, hat Narben zurück gelassen, denn zu oft stand sie an den Gräbern vertrauter Menschen, bis sie schließlich nun als zuletzt Geborene im Kreis der Geschwister auch als letzte gestorben ist. Aber sie hat sich nicht zurückgezogen, sondern kehrte immer wieder ins Leben zurück, stand immer wieder auf. Und wenn der Tod von Angehörigen auch immer ein Stück eigenes Sterben bedeutet, dann hat D.M. auch stets ein Stück Auferstehung in neues Leben hinein erfahren.

Temperamentvoll, wie es ihr Wesen war, hat sie kaum einen feierlichen Anlass versäumt. An den markanten Punkten des Jahreskreises hat sie die Familie zusammen gehalten und war begeistert von Enkeln und Urenkeln. Mit dem Lebensgefährten B.B. hat sie noch gute Jahre erlebt. Der Natur verbunden hat sie nicht nur mit Vorliebe im Garten gearbeitet, sondern war Mitglied im Wanderverein, wo sie gern in Gesellschaft unterwegs war. In ihrer Freude am Gesang pflegte sie die Gemeinschaft bei der Sängervereinigung, und auch die regelmäßige Teilnahme bei den Turnerinnen gehörte zum festen Wochenrhythmus. Im Kreis der Freundinnen und in der Familie war sie der Motor für Aktivitäten und hatte mit großem Organisationstalent immer neue Ideen für die Freizeitgestaltung. Geprägt von der Erfahrung, schon früh alleine zurechtkommen zu müssen, wusste sie sich zu helfen, hatte hohe Ansprüche an sich selbst und an andere und war auch bestimmend. Eine gesundheitliche Schwäche an sich selbst hat sie nur schwer wahrgenommen, und so hat sie noch am vergangenen Freitag ihren Garten umgegraben. Wenige Tage später ist sie plötzlich gestorben – ein Tod wie sie sich ihn gewünscht hat und ein großer Verlust für alle Trauernden. Die Anteilnahme am heutigen Tag spricht für sich.

Die dunklen Seiten und die Energie, die trotz allem Lebensfreude frei macht, gehörten im Dasein von D.M. eng zusammen. Und es ist tatsächlich wie bei einem Stehaufmännchen, wo das Gewicht, das Schwere die Figur auf dem Boden hält, schließlich wieder Balance entsteht und neue Bewegung des Lebens möglich wird.

D.M. war dem Leben zugewandt, und damit hat sie einen biblischen Spruch aufgenommen, liebe Trauergemeinde. Im 14. Kapitel des

Johannesevangeliums steht ein kurzer Vers, den ich in diesen Gottesdienst eintragen möchte. Jesus sagt da zu seinen Freundinnen und Freunden: „Ich lebe, und ihr sollt auch leben."
Jesus hat den Tod vor Augen, und er weiß, dass nichts in unserem Leben uns schwerer ankommt, als voneinander getrennt zu werden durch die dunkle Schranke des Todes. Deshalb fasst er in seinem kurzen Satz noch einmal alles zusammen, worauf es ihm in vielen langen Predigten auf seinem Weg ankam: Gott hat uns für das Leben geschaffen und nicht für den Tod. Weil ich lebe, werdet auch ihr leben, behauptet er, und es sind Worte des Vertrauens gegen die Angst, Worte der Zuversicht gegen den Tod, Worte der Hoffnung auf ein ewiges Leben. Und als er kurze Zeit später stirbt, wird es wahr. Menschen, die Jesu Grab besuchen wollen, erhalten die Auskunft, dass es keinen Sinn macht, den Lebendigen bei den Toten zu suchen. Sie werden zurück geschickt nach Galiläa, und da ist zunächst einmal gar nichts Besonderes. Da ist nur Alltag, ganz normales Leben: Kinder spielen auf der Straße, Menschen gehen ihrer Arbeit nach, sie streiten und sie lieben sich. Dort soll der lebendige Jesus erkannt werden – mitten im Leben. Und da ist der Ort, wo das Ende des Lebens zum Anfang eines anderen, neuen und unvergänglichen Lebens wird.
„Ich lebe, und ihr sollt auch leben." Dieses Versprechen gilt auch am Sarg unserer Verstorbenen: Niemand muss am Boden bleiben, niemand wird aufgegeben, und Gott schlägt die Brücke vom Tod ins Leben. Auferstehen, Balance finden und neue Bewegungen des Lebens erfahren über alle Grenzen hinweg.
Denn der Frieden Gottes, der höher ist als alle Vernunft, der bewahrt unsere Herzen und Sinne in Christus Jesus, amen.

2. Hufeisen

Die Bestattung von Herrn E., der 93 Jahre alt wurde, fand in den ersten Tagen des neuen Jahres unter großer Anteilnahme statt. E.E. war ausgesprochen beliebt in seiner Familie und ein fester Bestandteil der Dorfgemeinschaft. Auch zur Kirchengemeinde pflegte er regelmäßigen Kontakt.

Predigt: Joh.20,19b

Die Gnade Jesu Christi und die Liebe Gottes und die Gemeinschaft heiliger Geistkraft sei mit uns allen, amen.

Liebe Angehörige und liebe Trauergemeinde, „Friede sei mit euch", sagt der auferstandene Christus, als er durch die verschlossenen Türen hindurch in den Kreis seiner Freunde tritt. Das Johannesevangelium berichtet im 20. Kapitel darüber. „Friede sei mit euch!", das sagt der, der Kreuz und Tod kennengelernt und erlitten hat, wie Sie es ja hier in Ihrer Kirche so eindrücklich dargestellt finden. Einer, dessen Namen die Menschen bereits ins Totenregister eingetragen haben und der von den Toten auferstanden ist, der hat hier das Wort am Abend des ersten Wochentages, wie Johannes sagt. Er spricht von der Ewigkeit her als der, bei dessen Geburt schon die Ewigkeit gerufen hat: „Euch ist heute der Heiland geboren und Ehre sei Gott in der Höhe und Frieden auf Erden." Wir sind ja noch in der Weihnachtszeit, da wir wieder neu den Ruf der Ewigkeit gehört haben. Und wenn es nun durch den Auferstandenen wieder heißt: „Frieden sei mit euch!", dann bedeutet das, dass es diesen Frieden gibt, diesen ewigen Frieden, der über die Grenze des Todes hinausreicht, ja mit Blick auf den Unfrieden der Welt dort erst beginnt, aber in diesem Jesus immer mehr zur Erde hindrängt, nicht im Himmel bleiben will. Darin, dass Gottes Wort Fleisch geworden ist, hat der Himmel die Erde berührt. „Frieden sei mit euch!", das ist das alttestamentliche ‚shalom alechem', nicht nur das Schweigen von Waffen, sondern vielmehr im umfassenden Sinn Gerechtigkeit, Liebe, Vergebung und gelingendes Leben, das stärker ist als alle Macht des Todes. Ich weiß nicht, ob wir die ganze Bedeutung dieser Botschaft nun ausgerechnet in einem Trauergottesdienst in uns aufzunehmen vermögen, aber hören dürfen wir sie in unserem Abschied von E.E. Hören dürfen wir sie als Trost und als Ermutigung zum Leben.

„Frieden sei mit euch!" – das ist, als hätte Jesus den Freunden ein Hufeisen über die Tür gehängt. Und zwar mit der Öffnung nach oben, wie wir es manchmal noch an Häusern finden können, damit das Glück hineinfallen kann. Ein Brauch am Beginn des neuen Jahres, Ausdruck der Glückwünsche – Schutz und Gelingen und bewahrtes Leben im Neuen.

Ein schönes Symbol. Hufeisen sind wichtig, manchmal sogar lebenswichtig für Tier und Mensch. Sie geben Halt und damit Sicherheit, sie schützen vor Abnutzung des Hufes auf harten Böden, sie gewährleisten festen Stand. Wer sich an Fuhrbetriebe erinnert oder noch den landwirtschaftlichen Umgang mit Pferden kennt, wird bestätigen, wie notwendig ein guter Hufbeschlag ist – ähnlich einer guten Bereifung bei allen Kraftfahrzeugen – und dass ein solcher Beschlag nur von Fachleuten ausgeführt werden kann. Ein aufwändiges Handwerk, das Geschick und Können erfordert, habe ich gerade dieser Tage im Gespräch mit einem vom Fach erfahren. So ist es wegen dieser Eigenschaften Zeichen des Wunsches nach Glück und Bewahrung geworden, das Hufeisen.

Liebe Trauergemeinde, Sie wissen, warum ich das erzähle. E.E. hätte noch viel mehr darüber erzählen können, gehörte er doch als Schmiedemeister und Hufschmied zu den Fachleuten. Und ich glaube,

dass sich über diese Berufstätigkeit hinaus am Bild des Hufeisens viel über das Leben von E.E. sagen lässt.
Was hat sein Leben geprägt? Was war ihm wichtig in seiner Lebenszeit? Was gab seinem Leben Halt und Sicherheit? Was hat ihm geholfen, einen festen Stand zu gewinnen? Auf welchem harten Boden hat er sich bewegt und gab es Abnutzungen oder Ecken und Kanten – in keinem Leben ist alles rund? Fragen, die beim Abschied von einem nahen Menschen durch Kopf und Herz gehen. Fragen, die wir stellen dürfen, weil über diesem Abschied das Wort Jesu steht: „Friede sei mit euch!"
Ich habe unseren Verstorbenen nicht persönlich gekannt, aber auf einem Bild, das Sie mir gezeigt haben, liebe Angehörige, sehe ich ihn mit dem Urenkel N.: einen freundlichen alten Mann mit wachen Augen, die interessiert in die Welt schauen.
Am --- 1908 wurde E.E. als jüngstes von fünf Kindern der Eheleute E. und P.E. in G. geboren, wo er mit den Geschwistern aufwuchs. In einer Schmiede in G. absolvierte er die Lehre und feierte am --- 1934 die Hochzeit mit E.M. Auf dem Hof der Schwiegereltern begann er mit selbstständigen Schmiedearbeiten; 1935 und 1940 wurden die Söhne W. und H. geboren. Nach dem Krieg nahm er wieder die Arbeit in seiner kleinen Firma auf, begann Mitte der 50er Jahre mit Schlosserarbeiten und war 1969 beteiligt bei der Firmenneugründung – sein Lebenswerk, dem er bis zuletzt innig verbunden war. Einen tiefen Einschnitt bedeutete der Tod der Ehefrau im September 1997, doch mit Ihrer täglichen Unterstützung, liebe H. und U.E., konnte er weiterhin selbstständig hier leben bis in den Weihnachtstagen der Schlaganfall kam und bald zum Sterben führte.
Dankbar für alle Fürsorge, für allen Fleiß und alle Gutherzigkeit können Sie als Familie Abschied nehmen von einem Mann, der ein

ausgeprägtes Wesen hatte, wie Sie mir erzählt haben: Wie dieses Hufeisen war er offen und fortschrittlich in seinem Denken. Im Berufsleben hat er sich aktuellen Erfordernissen angepasst, an allen Vorgängen im Dorf und in der weiten Welt war er interessiert, hat die Geschehnisse durch Nachrichten und Zeitung verfolgt, was ihn als Gesprächspartner qualifizierte. Trotz des hohen Alters war er jugendlich in seinem Geist und als engagierter Turner in frühen Jahren auch körperlich noch gut dabei. Welcher 93jährige hat noch die Möglichkeit, in Ballon oder Hubschrauber die Welt von oben zu sehen? Den fünf Enkeln und Urenkeln begegnete er mit großer Freude, wobei er auch mit Interesse deren Werdegang verfolgte.

Wie bei diesem Hufeisen gab es die kantigen Stellen: Couragiert und unbestechlich hat er seine Meinung vertreten, haben Sie sich erinnert. Er konnte streiten und auch wieder einlenken. Ja, und so wie das Hufeisen Halt findet und Halt gibt, hat E.E. seinen Halt im Glauben, in der Verbindung zur Kirchengemeinde und zum Gottesdienst gefunden und auch anderen Halt und Orientierung gegeben. „Friede sei mit euch!“, liebe Angehörige und liebe Trauergemeinde, dieser Gruß und Zuspruch des Auferstandenen hat unseren Verstorbenen begleitet. In seiner Bibel mit Lesezeichen versehen, war es der Trauspruch, und auch heute, wo sich der Lebenskreis in unserer Mitte schließt, soll dieses Wort mit uns gehen. Es gilt unserem Verstorbenen, der nach Gottes Verheißung ewigen Frieden finden soll. Und es gilt uns, die wir unseren Weg weiter gehen dürfen in den Spuren dieses Friedens, der mit Geburt und Wirken, Kreuz und Auferstehung Jesu über unserem Leben ausgesprochen ist.

Und dieser Frieden Gottes, der höher ist als alle Vernunft, der bewahrt unsere Herzen und Sinne in Christus Jesus, amen.

3. Baumscheibenkreuz

Nach längerer, schmerzhafter Krankheit ist O.E. im Alter von 82 Jahren gestorben. Eine fromm-pietistische Prägung bestimmte ihr Leben in seinen Wertmaßstäben und Entscheidungen, in Interessen und Sichtweisen.

(Anregung aus: Christel Hildebrand, Gott schenkt Zeit und Zukunft, Stuttgart 1994, S.38ff)

Predigt: Phil.1,21

Die Gnade Jesu Christi und die Liebe Gottes und die Gemeinschaft heiliger Geistkraft sei mit uns allen, amen.

„Christus ist mein Leben, und Sterben ist mein Gewinn." Liebe Angehörige von O.E., liebe Nachbarn und Freunde und liebe Trauergemeinde, dieser kurze Vers aus dem 1. Kapitel des Philipperbriefes steht auf dem Grabstein von H.E. zu lesen, der nun auch der Grabstein unserer Verstorbenen sein wird. Und sie hat damals, 1985, diesen Vers selbst ausgewählt. *„Christus ist mein Leben, und Sterben ist mein Gewinn."* Es gehört schon viel Gottvertrauen dazu, wenn man dies an einem Sarg nachspricht, wo wir doch gerade den Tod vor Augen haben, der uns einen schmerzhaften Verlust zugefügt hat, der uns einen lieben Menschen genommen hat. Und doch passt es zu unserer Verstorbenen, die getragen war von diesem tiefen Gottvertrauen. Gerade in den letzten Monaten der großen Bedürftigkeit, der Hilflosigkeit und des Elends hatte sie den Wunsch zu sterben, damit Schmerz und Qual ein Ende finden. Ihr Glaube hat sie getragen in dieser schweren Zeit, und sie war getröstet, wusste sie doch, wohin sie ging. „Ich kann nicht tiefer fallen als in Gottes Hände", hat sie gesagt. Der geschundene Hiob und vor allem der leidende Christus standen ihr vor

Augen. Wir waren beeindruckt von dieser Glaubensgewissheit, die ihr Stärke in der körperlichen Schwachheit gab, und wir haben an ihr neu gelernt, was es auf sich hat mit diesem Vertrauen; das kann man nicht mit Worten erklären, das muss man erfahren.
Liebe Trauergemeinde, ich habe hier ein Kreuz aus Holz mitgebracht, weil O.E. im Zeichen des Kreuzes gelebt hat, das Kreuz getragen hat und zuletzt auch unter dem Kreuz gestorben ist. Es hat etwas Besonderes mit diesem Kreuz, denn es ist aus einer Baumscheibe gearbeitet. Da ist die Mitte, wo es einmal begann und um die sich die Ringe als Zeichen des Wachstums legen. Die verschiedenen Farben des Holzes sind erkennbar – innen die dunklere des jungen Baumes und außen die hellere des älteren. Da ist auch nicht alles gleichmäßig gewachsen. Da hat das Wetter dem Baum zugesetzt oder ein Ast hat die klare Struktur unterbrochen. Ich sehe die Strahlen, die von der Mitte nach außen gehen – Verbindung von innen nach außen und umgekehrt. Das tote Holz in der Form des Kreuzes zeigt uns etwas vom Leben, liebe Angehörige und liebe Trauergemeinde.
Das Leben von O.E. begann am --- 1919 in G., wo sie als jüngstes von drei Kindern der Eheleute M. und E.R. geboren wurde und mit der Schwester A. aufwuchs. Der Bruder E. war bereits vor ihrer Geburt als Kind gestorben. Im April 1934 wurde sie durch Pfarrer T. konfirmiert, machte eine Ausbildung als Sprechstundenhilfe bei einem Zahnarzt in G. und arbeitete während des Krieges bei einem Kinderarzt, bevor sie in der Hautklinik beschäftigt war. Mit der Berufswahl ging sie in den Spuren des Vaters, der in der Klinik als Bademeister zuständig war für verschiedene Rehabilitationsmaßnahmen. Bei einer Zeltmission lernte sie H.E. kennen und heiratete am --- 1950. 1951 und 1958 wurden die Töchter P. und B. geboren. O.E. widmete sich der Erziehung der Töchter und arbeitete

später noch einmal bis 1989 im Altenpflegeheim im Birkenweg, wo sie als gute Seele geschätzt wurde und den Pflegebedürftigen viel Zuwendung geben konnte.
Wie dieses Baumscheibenkreuz zeigt auch das Leben von O.E. viele Spuren, die 82 Jahresringe mit sich gebracht haben. Die Pflege der Eltern und der Schwiegermutter, der plötzliche Tod des Ehemannes, viele Ansprüche, denen sie ausgesetzt war und das unermüdliche Bemühen um Harmonie und Frieden. Im Dezember 1991 erfolgte, schon gesundheitlich angeschlagen, der Umzug nach L. zu Dir, liebe B., und Deiner Familie.
Da sind so viele Eindrücke und Erinnerungen, die auf der Baumscheibe ihren Platz haben: O.E. hat viel genäht. Kleider für besondere Anlässe genauso wie für den alltäglichen Gebrauch. Auch gehörte ein Nutzgarten immer zum Leben und zum Überleben. Ihr Interesse an den Geschehnissen dieser Welt und ihr Reichtum an aktuellen Kenntnissen hat uns oft beeindruckt, wie auch ihre große Hilfsbereitschaft, wo es immer ein offenes Haus und einen Platz am Tisch gab für Übernachtungsgäste bei Veranstaltungen der Stadtmission, der sie so verbunden war, wie auch für Menschen mit Belastungen, die Rat suchten. Und nie wurde jemand weg geschickt, und oft hat sie Opfer gebracht, wie ihr euch als Familie erinnert. In all dem war sie bescheiden, hat für sich wenig beansprucht, hat von sich abgesehen, was einem Menschen ja nicht nur gut tut. Aber für O.E. gehörte es zur tiefen religiösen Prägung ihres Lebens, eine Anspruchslosigkeit, die den anderen im Blick hat. Wie oft hat sie mich bei Besuchen nach einiger Zeit wieder weg geschickt, weil ich doch sicher auch genug andere Dinge zu tun und ihr nun genug Zeit gewidmet hätte, und nie hat sie die Grüße an Menschen aus der Gottesdienstgemeinde vergessen.

Über vieles konnte man mit ihr reden: Über ihre Beschäftigung mit religiösen Fragen, über ihr großes Interesse an der Gesellschaft für jüdisch-christliche Zusammenarbeit und ihre Sorge um den Nahen Osten, und auch über den Werdegang der fünf Enkelkinder, die ihr sehr am Herz lagen. Wie glücklich war sie, die Hochzeit von K. noch miterleben zu können im September vergangenen Jahres.

Zuletzt das Leiden, das sie getragen hat, begleitet und unterstützt von den Töchtern.

O.E. hat gespürt, wie sich Kreise schließen. Liebevoll hat sie von Dingen erzählt, die ihr einmal geschenkt wurden und gar nicht viel Beachtung bei ihr fanden, wie etwa ein roter Schal, den sie aber dann in ihrer schweren Zeit gut gebrauchen konnte und wert achtete.

Kreise schließen sich, liebe Trauergemeinde, wie bei dieser Baumscheibe in der Form des Kreuzes.

„Christus ist mein Leben, und Sterben ist mein Gewinn." Diesen Vers konnte unsere Verstorbene vertrauensvoll nachsprechen. Er drückt ihre Hoffnung aus und ihren Glauben. Als der Apostel Paulus diesen Vers aufgeschrieben hat, saß er im Gefängnis von Ephesus und musste mit der Todesstrafe rechnen, weil er das Evangelium verkündigt hatte. Nicht aus Überdruss oder aus einer Haltung der Resignation heraus schreibt er diese Zeile. Es ist vielmehr ein Bekenntnis aus der Zuversicht heraus, dass Sterben kein Verlust sein wird, sondern der Gewinn neuen und ewigen Lebens. An Jesus, der am Kreuz gelitten hat und gestorben ist, hat Gott gezeigt, dass unser Leben nicht in der Dunkelheit des Todes versinkt, sondern dass uns hinter dem Karfreitag der Ostermorgen erwartet mit neuem Licht und neuem Leben.

Liebe Angehörige und liebe Trauergemeinde, der mir das Baumscheibenkreuz geschenkt hat, erklärte dazu: „Es ist damit wie mit dem Leben und dem Tod. Als der Baum noch im Wald stand, hat er geschwiegen, hat vielleicht etwas von der Schönheit der Schöpfung gezeigt, hat Schatten gespendet und Sauerstoff auch. Aber als er gefällt war, geschnitten und gesägt in die neue Form des Kreuzes, hat er plötzlich begonnen, eine tiefe Botschaft weiter zu geben, die Botschaft vom Leben, das aus Leid und Tod wächst und keine Grenze mehr kennt."

Auf diese Botschaft hat O.E. vertraut im Leben und im Sterben, und im Vertrauen auf diese Botschaft dürfen wir unsere Verstorbene geborgen wissen in Gottes Frieden, der höher ist als alle Vernunft und unsere Herzen und Sinne bewahrt in Christus Jesus, amen.

4. Haus

Nach langem Lebensweg von 90 Jahren starb Herr J. in seinem Haus. Nach Vertreibung, Flucht und neuer Existenzgründung war ihm als Mann vom Fach die renovierte Hofreite ein besonderer Stolz. D.J. war vielseitig talentiert und interessiert; daneben im guten Sinn häuslich orientiert, was besonders hilfreich war, nachdem seine Frau an Demenz erkrankte.

Predigt: 2.Kor. 5,1

Die Gnade Jesu Christi und die Liebe Gottes und die Gemeinschaft heiliger Geistkraft sei mit uns allen, amen.

Ein Haus ist mehr als ein Haus, liebe Frau J. und liebe Angehörige, liebe Nachbarn, liebe Freunde und liebe Trauergemeinde. Ein Haus ist mehr als ein Haus. Schauen Sie sich Häuser an und oft können Sie erkennen, wer darin wohnt: Sind die Türen offen oder verschlossen? Blühen Blumen oder sehen Sie nur Stein? Sind die Fenster geschmückt oder leer? Malen Sie einmal ein Haus und Sie werden ohne viel Mühe manchen Hinweis entdecken, wie es in Ihnen und um Sie herum aussieht: sind da Räume oder Etagen, auf denen Sie sich bewegen? Welche Rolle spielen andere Menschen in Ihrem Lebenshaus? Stehen da Tische, an denen sich Gemeinschaft entwickeln kann? Wir können uns geborgen fühlen im eigenen Haus – die Mauern stehen auf festem Grund; das Dach schützt uns vor dem Unwetter. Wir können uns zurück ziehen, wenn wir für uns sein wollen. Manchmal fühlen wir uns auch fremd im eigenen Haus: Da ist etwas geschehen, das ganz plötzlich den Rhythmus stört oder uns auch völlig aus der Bahn wirft, da drohen die Mauern einzustürzen, da sackt der Boden weg, so wie Sie es, liebe Frau J., am vergangenen Sonntag erfahren mussten.

D.J. ist plötzlich gestorben, weil das Herz aufgehört hat zu schlagen. Und ich spreche vom Bild des Hauses, weil unser Verstorbener viel mit Häusern zu tun hatte im Beruf und im persönlichen Leben, als Polier der Firma K. und als stolzer Besitzer seines historischen Fachwerkanwesens. Er hat sich identifiziert mit seinem Haus, hat es gepflegt, gemeinsam mit seinem Sohn, hat Geborgenheit darin gefunden und Perspektive daran geknüpft, war zuhause in den einzelnen Räumen, auf den verschiedenen Etagen und im Garten, in dem er gern und viel gearbeitet hat. So ist es nicht schwer, das Bild vom Haus auf sein Leben zu übertragen. Das Leben von D.J., ein Haus mit vielen Räumen, manche lieber und andere weniger lieb; ein Haus mit Treppen, die er hinauf- und hinab gegangen ist; ein Haus mit vielen Dingen, und es wurden im Lauf der Jahre immer mehr. Und in allem das zufriedene Empfinden, dass alles in diesem Haus zusammengehört, die Persönlichkeit ausmacht.

Am --- 1911 wurde D.J. als Sohn von E. und K.J. im schlesischen X. geboren, wo er mit den acht Geschwistern aufwuchs. Nach der Volksschule besuchte er die Fachschule und absolvierte die Ausbildung zum Maurer. Im Heimatdorf haben Sie sich auch kennen gelernt, liebe Frau J., und am --- 1941 in O. geheiratet. Im November desselben Jahres kam Ihr Sohn A. zur Welt. Krieg und Gefangenschaft zerstreuten die Familie, bis man in W. wieder zusammenkam und D.J. eine Anstellung bei der Firma K. fand, wo er auch bis zum Ruhestand 1964 tätig war. 1971 zog die Familie hierher nach L, wo das Lebenshaus viele helle Räume hatte. Zahlreiche Reisen im Kreis der Familie, die vielen Wanderungen durch den Wald, die gute Verbindung zur Landsmannschaft mit ihren Treffen und Unternehmungen, die Freude am Malen – Landschaftsmotive und Blumen; denn „wenn ich ein Bild ansehe, muss ich entspannen können“, hat D.J. gesagt. Wir erinnern auch die regelmäßigen Besuche im Schwimmbad, der körperlichen Fitness wegen bis zuletzt. Und so war er auch fit, körperlich und geistig, hat sich für alles interessiert und hat die Entwicklung dieser Welt genau, bisweilen auch sehr kritisch, beobachtet, Vergleiche angestellt mit vielen Erinnerungen aus der Kindheit – wie haben sich die Dinge doch verändert im Lauf von 9 Jahrzehnten. Es war immer interessant, sich mit D.J. zu unterhalten, an seinen Überlegungen teilzunehmen, sich auf sein optimistisches Wesen einzulassen und sich von seiner oft einfachen aber zutreffenden Lebensweisheit bereichern zu lassen, seine Gastfreundschaft und unaufdringliche Art anzunehmen.

Es gab aber auch die dunklen Räume, die traurigen Zimmer in seinem Lebenshaus, wobei wir ganz besonders an die schwere Krankheit des Sohnes denken, an das frühe Sterben und alle damit verbundenen Erfahrungen von Ohnmacht und Mitleiden. Auch die angeschlagene Gesundheit der Ehefrau, um die sich D.J. gesorgt und gekümmert hat. Er hat es einmal als Winter beschrieben und den Wandel im persönlichen Ergehen mit dem Wechsel der Jahreszeiten verglichen. Manchmal liegt das Lebenshaus wie unter einer Schneedecke, aber wenn es keinen Winter gibt, kann man sich auch nicht auf das Frühjahr freuen. „Es ist schon gut eingerichtet. Man kann sich nicht am Guten freuen, wenn man nicht auch das Schlechte kennt“, hat er einmal gesagt. Seine Kraftquellen waren ein ganz natürliches Gottvertrauen und er schöpfte Energie aus dem, was er der Familie geben konnte. So lebte er auf die Diamantene Hochzeit hin, wahrscheinlich als Ausdruck der Beständigkeit in allem Wandel dieser Welt. Und Sie haben sie miteinander gefeiert im vergangenen Jahr – ein Fest im Haus des Lebens.

Liebe Angehörige und liebe Trauergemeinde, nun zeigt uns dieser Sarg die Vergänglichkeit des Lebenshauses. So ist unser Leben: Entstehen und Vergehen. Was geworden ist, sehen wir; was kommt, wissen wir nicht. Der Apostel Paulus spricht nun aber doch von einer Gewissheit, die ich in unsere Trauerfeier eintragen möchte. Er sagt in seinem 2. Brief an die Gemeinde im griechischen Korinth: *„Wir wissen: wenn unser irdisches Haus, diese Hütte, abgebrochen wird, so haben wir einen Bau, von Gott erbaut, ein Haus, nicht mit Händen gemacht, das ewig ist im Himmel.“*

Das irdische Haus ist abgebrochen, die Hütte, sagt Paulus sogar, wohl wissend, dass bei aller Leistung und allem Erfolg des Lebens unser aller Dasein kein Prachtbau ist. Aber es soll einer werden, von Gott selbst erbaut, ein ewiges Haus. Wir sollen gewiss sein: Gott schafft durch den Tod hindurch Leben, das keine Grenze mehr haben soll, einen weiten Raum, in dem wir uns bewegen können ohne Leid und ohne Tod. Diese Glaubensgewissheit will er hineinsprechen in das, was uns in dieser Stunde bewegt. Wenn unser Haus zerfällt, ist bei Gott ein ewiges Haus erbaut, in dem wir eine Bleibe haben, in dem D.J. nun eine ewige Bleibe hat. Es ist ein Haus, nicht mit Händen gemacht, sagt der Apostel. *Wir* müssen unsere Ewigkeit nicht selbst besorgen, dafür sorgt Gott. In den Jahren unseres Lebens haben wir genug zu sorgen, zu gestalten und ins Werk zu setzen. Zuletzt können wir alles aus der Hand geben, weil Gott uns aufhebt. Bei ihm sind wir aufgehoben mit unseren Fragen und Ängsten, mit unserer Beständigkeit und unserer Zerbrochenheit, mit unseren Freuden und Hoffnungen. Wir wissen, behauptet Paulus. Wissen wir, dass Gott uns ein ewiges Haus baut? Ich wünsche uns, dass Gott uns diese Gewissheit schenkt, immer wieder neu. Dass wir in dieser

Gewissheit Abschied nehmen können von D.J. Dass uns diese Gewissheit trägt in den Zeiten, die kommen.
Und der Frieden Gottes, der höher ist als alle Vernunft, der bewahrt unsere Herzen und Sinne in Christus Jesus, amen.

5. Leuchtturm

Im Alter von 20 Jahren hat sich R.Z. zuhause im Treppenhaus das Leben genommen. Auf seiner Suche nach Lebensmöglichkeiten war er oft ohne Orientierung unterwegs.

Predigt: Ps. 46,2

Die Gnade Jesu Christi und die Liebe Gottes und die Gemeinschaft heiliger Geistkraft sei mit uns allen, amen.

„Streichholz im unendlichen Meer, Bruder und Schwester der Angst.
Millionen treiben dahin auf den schwankenden Wegen ihrer
nächtlichen Träume,
suchen ein Ufer, das Platz lässt für die unsicheren Füße,
suchen den Anker, den sie geworfen zur Sicherheit
und der den Grund nicht wirklich erreichte,
suchen den Hafen, der ihr Bündel trägt,
gefüllt mit Hoffnung und Zweifel… und finden dich:
ein kleines Licht auf hohem Turm."

Von einem Leuchtturm ist in diesem Gedicht die Rede, liebe Frau und Herr Z., liebe J. und lieber B., liebe S. und liebe Freunde von R. Viele Menschen sind von Leuchttürmen fasziniert; R. mochte sie auch sehr gern. Leuchttürme geben Orientierung, liebe Trauergemeinde. Sie sind Helfer für die Seefahrt und zeigen den Schiffen einen sicheren Kurs. Eine große Anziehungskraft geht von ihnen aus, weil sie offenbar etwas in uns anrühren: die Fahrt auf dem richtigen Kurs; das Licht, ohne das wir verloren wären; immer wieder nach der Reise in den sicheren Heimathafen kommen – das sind Lebensthemen, tief eingegraben in unserer Seele. Letztendlich geht es um die Wege, die wir in unserem Leben gehen. „Jeder Mensch muss seinen Weg finden", haben Sie gesagt, liebe Frau Z. Und wir alle wissen aus eigener Erfahrung, wie vielfältig die Wege auf dem Meer des Lebens sein können. Da wechseln dunkle und sonnige Routen, stürmische und ruhige, steigende und fallende. Wir alle suchen nach einem Weg, der zu uns passt und sprechen von Sinn und Erfüllung, von Berufung oder Aufgabe. Und gerade weil uns manche Wege verschlossen oder verborgen bleiben, lebt in uns die Sehnsucht nach einem glücklichen Weg. Das muss nicht ein Weg ohne Hindernisse oder Beschwernisse sein, aber eben einer, auf dem ich ermutigt werde, das Leben anzunehmen in seinen Höhen und Tiefen.

Der Weg von R. hat am --- 1984 begonnen, als er in F. geboren wurde. Wenn ich es recht verstanden habe, dann hat sein Leben ihn immer wieder auf die Suche nach möglichen Wegen gehen lassen. Ich denke da an die Umzüge und neuen Wohnorte, was einem Menschen ja abverlangt, dass er sich neu orientiert und jeweils einen neuen Anfang wagt. Ich denke an den Verlust des Bruders, der als Baby plötzlich gestorben ist und dessen Grab R. immer, wenn sich Gelegenheit bot, besucht hat. Ich erinnere den Ausbildungsweg, die Wünsche und Versagungen bis zum Beginn der Lehrzeit als Gärtner, was ihm viel Freude machte und womit er sich identifizieren konnte, wie Sie mir erzählt haben. Diese und sicher noch viele andere Erfahrungen haben ihn geprägt und seine Persönlichkeit entwickelt, so dass Sie ihn beschreiben als einen treuen und tiefsinnigen Menschen, der auch einen starken Willen hatte und streiten konnte, als einen Menschen mit handwerklichen Fähigkeiten, der gern Musik hörte, am Computer saß, mit Freunden unterwegs war oder mit ihnen entspannte.

Ich habe R. nicht persönlich gekannt, aber aus Ihrem Erinnern und Erzählen sehe ich einen jungen Mann, der großen Wert auf Sicherheit legte und die Beständigkeit suchte, manchmal so sehr, dass es auch zu eng werden konnte. Als ausgesprochen sensibler und liebevoller Mensch hat er vieles als schwer erlebt und gleichzeitig sind Ihnen Geschichten und Erlebnisse im Gedächtnis, die von Heiterkeit und Ausgelassenheit geprägt sind. Alles, was Sie mit ihm erlebt haben, liebe Angehörige und Freunde, gehört zu seinem Weg. Und dass dieser Weg vergleichsweise kurz war, sagt nichts über den Wert oder Sinn aus – darin sind wir gewiss. Denn nicht die Länge eines Lebens entscheidet über dessen Bedeutung. Nicht etwa die lange Lebensspanne verleiht unserem Dasein Sinn. Und ob ein Leben sein Ziel erreicht hat, ist keine Frage von Jahren. Der Weg von R. hat am --- sein Ende gefunden. Sein Tod löst tiefe Betroffenheit in uns aus, macht uns ratlos, manchmal stumm und dann wieder redselig in liebevoller Erinnerung.

Ich möchte in den Weg unseres Verstorbenen den Bibelvers einzeichnen, der ihm bei seiner Taufe im Februar 1998 mitgegeben wurde. Da heißt es im 46. Psalm: *„Gott ist unsere Zuversicht und Stärke, eine Hilfe in den großen Nöten."* Das ist ein ermutigendes Wort für Wegstrecken, die eher beschwerlich sind, und so haben Sie es auch verstanden. Manches Mal wurde dieser Vers erinnert, wenn sich einmal Schatten über den Lebensweg gelegt hatten. Der Mensch, der den Psalm vor langer Zeit aufgeschrieben hat, wollte sein Vertrauen zum Ausdruck bringen und anderen sagen, dass er Kraft und Mut aus seinem Vertrauen schöpft. Es war ihm wichtig, dass andere Menschen verstehen, dass er sich sein Vertrauen nicht einbildet, sondern sich auf konkrete Erfahrungen mit Gott bezieht. Im Jahr 701 vor unserer Zeitrechnung war die Stadt Jerusalem von feindlichen Mächten bedroht, und die Bedrohung wurde abgewendet. Von diesem Ereignis wusste damals jeder im Volk und der Psalmbeter wollte sagen, dass Gott immer wieder dem Menschen als Hilfe in großer Not zur Seite steht. Er kannte die Nöte, wie wir sie kennen: die Nöte, die sich ergeben aus der Bedrängnis, die Menschen einander bereiten; die Nöte, die aus dem eigenen Herzen kommen oder von außen zugefügt werden; die Nöte, die nach uns greifen, wenn Elend und Tod uns zu schaffen machen, wenn wir um einen guten Weg für unser Leben ringen oder vielleicht im Augenblick den Weg gar nicht wissen. Sicher kannte er auch die Not, die die Frage nach Gott bereitet, wenn er als abwesend erlebt wird, wenn er nicht als Stärke und Hilfe zu erkennen ist und wir uns ohnmächtig und allein fühlen. „Wo bist Du, Gott?“, fragen Menschen, „was ist mit Deinen Versprechungen?“ „Wo warst Du, Gott, am vergangenen Mittwoch?“, fragen Sie, fragt ihr, fragen wir uns heute auf diesem Friedhof. Der Mensch, der den Psalm aufgeschrieben hat, und die, die ihn nachgesprochen haben durch die Zeiten, wollten in allen Fragen festhalten an ihrer Hoffnung: Gott hilft, auch wenn die größte Bedrohung des Lebens nach uns greift. Gott nimmt sich des Lebens an; auch wenn es hier in unserer Mitte zu Ende geht, führt er es zum Ziel in seiner Nähe, von der wir nur ahnen können.

„Gott ist unsere Zuversicht und Stärke, eine Hilfe in den großen Nöten.“ Dieser Satz gilt unserem Verstorbenen heute, wie er ihm schon bei seiner Taufe gegolten hat. Und er gilt uns allen, die wir zurückbleiben und R. betrauern. Auch Sie und ihr alle, liebe Familie und Freunde, wollt einen Weg finden, den R. nun nicht mehr mitgeht, der sich aber auftun soll in eurem Leben. Was hilft, sind Menschen, mit denen man reden kann, die Anteilnahme und Zuwendung zeigen. Was hilft, sind auch die Erinnerungen an den Verstorbenen, die lebendig bleiben und die der Tod nicht nehmen kann. Was hilft, ist das Vertrauen in Gott, der in unserem Bibelvers selbst die ‚Hilfe‘ genannt wird.

Liebe Angehörige, liebe Freunde und liebe Trauergemeinde, wir alle sind unterwegs auf dem Lebensmeer, suchen Wege durch ruhige See und durch stürmische Wellen, über manches bedrohliche Riff hinweg und durch stille Buchten, unter gutem Stern und über dunklen Tiefen, um Freiheit zu finden und Glück. Gut, wenn uns hier und da ein Leuchtturm Orientierung gibt. Gut, wenn wir hier und da einander zu Leuchttürmen werden. Gut, wenn uns Zuversicht und Stärke geschenkt sind durch ein Vertrauen auf Gott, dessen Frieden höher ist als alle Vernunft und der unsere Herzen und Sinne bewahrt in Christus Jesus, amen.

6. Achat

Frau B. war lange pflegebedürftig, bevor sie im Alter von 80 Jahren im Pflegeheim starb, wo sie täglich von ihren Angehörigen besucht wurde. Da sie über viele Monate nicht mehr auf Außenreize reagierte, wurde von den Angehörigen immer wieder die Frage thematisiert, was sie überhaupt wahrnehmen könne von aller gezeigten Zuwendung und wie es in ihr aussehe. Zeitlebens war P.B. darauf ausgerichtet, ihre Aufgaben zu erfüllen; über ihr Ergehen hat sie sich selten geäußert.

Predigt: 1.Sam. 16,7b

Die Gnade Jesu Christi und die Liebe Gottes und die Gemeinschaft heiliger Geistkraft sei mit uns allen, amen.

Lieber Herr B., liebe Angehörige und liebe Trauergemeinde, im täglichen Leben begegnen dem Menschen Steine in vielfältiger Form. Steine sind zum Bild geworden zur Beschreibung unserer Befindlichkeit, unseres Ortes im Leben, unseres Verhaltens oder unseres Erinnerns. „Da liegen Steine auf meinem Weg“, sagen wir, wenn es uns schwer wird. Oder: „etwas steht wie ein Berg vor mir.“ Steine richten wir auf zur Begrenzung eines Gebietes, und wir richten sie auf zum Gedenken. Begrenzung des Lebens und Gedenken eines Menschen – in beiderlei Hinsicht ist der Grabstein von Bedeutung. In der Bibel ist der Stein oft ein Ort, an dem die Begegnung zwischen Gott und Mensch stattfindet. Dies ist auch eine Bedeutung des Altars in der Kirche.

Ich habe hier einen Stein gefunden, der mich in besonderer Weise beschäftigt hat. Ein Achat aus Brasilien, eines der ältesten bekannten Mineralien, die schon 5000 vor Christus zur Herstellung von Ziergegenständen dienten. Dieser Stein ist mir aufgefallen, weil er zwei Seiten hat. Man kann gut die *Außenseite* erkennen und die Spuren des

Lebens erahnen: rau und mit Furchen und Kerben, Zeichen von Beschwernissen und Verlusten, Kanten, die zurückgeblieben sind, weil das Leben manches abverlangt hat. Formen auch auf dieser Außenseite, die an einen lächelnden Mund erinnern aus mancher Zeit, die gesättigt war von Glück und Zufriedenheit. Das ist vor Augen. Die *Innenseite*, das Herz, ist glatt und leuchtend. Farben mischen sich in lebendigen Wellen, kräftig wie eine breite Vielfalt von Ideen und Möglichkeiten, die die geschaffene Natur nach dem Willen Gottes hineingelegt hat. Tief kann man in den Stein hineinschauen, bis ins Innerste, und da funkelt es wie von tausend Kristallen. *„Das Sichtbare ist vergänglich, das Unsichtbare ist ewig."* Zwei Seiten unserer Wirklichkeit, die der Apostel Paulus beschrieben hat und die sich in diesem Stein wiederfinden.

Außenseite und Innenseite – als P.B. bei ihrer Konfirmation am Palmsonntag, dem --- 1934, ein Wort aus dem 1. Samuelbuch zugesprochen wurde, konnte der Pfarrer nicht wissen, wie bedeutungsreich es sich im Leben noch entfalten würde: *„Ein Mensch sieht, was vor Augen ist; Gott aber sieht das Herz an."* Gerade in den letzten zweieinhalb Jahren, als P.B. nach einem Sturz im Pflegeheim in S. war, nahm die Frage nach dem inneren Geschehen immer wieder Raum ein. Das Äußere war vor Augen: ein Mensch, der als Hülle erscheint, kaum reagiert, atmet. Was mag sie empfunden haben, was gespürt haben von täglicher Nähe und Zuwendung der Angehörigen, was wahrgenommen haben von erzählter Geschichte und gutem Wort? Fragen, auf die es letztlich keine allgemeine Antwort gibt, weil wir nicht in das Innere hineinsehen können, unsere Vorstellungskraft nicht ausreicht und unser Wissen an Grenzen stößt. *„Ein Mensch sieht, was vor Augen ist"* und wir empfinden Traurigkeit und Leid im Blick auf die Hilflosigkeit –

im Leben gehalten, was wir als solches kaum zu erkennen und zu akzeptieren vermögen.
Sie, lieber Herr B., haben durch tägliche Besuche im Pflegeheim viel Bezug gewonnen und persönliche Kontakte aufgebaut. Der lange Abschied ist ein Teil des Alltags geworden für Sie und auch für Sie, liebe Frau M., und die Angehörigen. Doch es ist nicht nur das, was uns vor Augen ist. Da ist auch die Lebensspanne vor Beginn der Krankheit mit allen Erfahrungen und Erlebnissen. Vielleicht ist es ja auch das, was sich im Herzen unserer Verstorbenen in der letzten Zeit Raum genommen hat, die Bilder des gelebten Lebens – *„Gott aber sieht das Herz an."*
Am --- 1920 geboren als Älteste unter fünf Kindern der Eheleute F. und K.S., hier in H. aufgewachsen in der Landwirtschaft. Hier hat sie auch mitgearbeitet nach der Schulzeit, ja selbst nach der Eheschließung hat sie in der Landwirtschaft der Eltern geholfen. Im --- 1946 haben Sie geheiratet, lieber Herr B., 1947 und 1953 kamen die Söhne C. und L. zur Welt. Das Leben war sehr von der Arbeit bestimmt, war P.B. doch neben der hausfraulichen Tätigkeit auch für das Geschäft zuständig. Mit großem Geschick und handwerklicher Begabung hat sie manches bewegt, in der freien Zeit gerne Handarbeiten gemacht und ob ihrer Vielseitigkeit schon früh einen Ruf als Köchin besonderer Speisen erworben. Ihr größter Lebensinhalt war es, die Kinder aufwachsen zu sehen. Ja, Kinder waren eigentlich immer im Haus, und sie hat sie groß gezogen. Nach dem frühen Tod des Sohnes L. und dem Tod der Schwiegertochter wenige Jahre später, wuchs die Enkeltochter im Haus der Großeltern auf.
P.B. hat nie unter ernsthaften Krankheiten gelitten, bis 1994 eine D-erkrankung festgestellt wurde. Ab 1997 besuchte sie die Tagespflege in Q, bis der schwere Sturz im --- 1998 zum Beginn des langen

Abschieds wurde. Wenn wir je berechtigt vom Tod als einer Erlösung im Sinne von Befreiung sprechen können, dann ist das vielleicht heute am Sarg unserer Verstorbenen der Fall. Als wir vor nicht einmal einem Vierteljahr hier zusammen waren und Abschied genommen haben vom Bruder unserer Verstorbenen, da haben wir das überraschende Sterben betrauert.

„Ein Mensch sieht, was vor Augen ist; Gott aber sieht das Herz an." Gott sieht nicht nur die Oberfläche eines Lebens, sondern schaut in die Tiefe, so wie wir auch in der Betrachtung des Lebensweges gerade manchen vorsichtigen und bruchstückhaften Blick in die Tiefe, in das, was das Herz bewegt, getan haben. Es ist gut, dass wir in unseren Trauergottesdiensten nicht an der Oberfläche bleiben müssen, sondern durch Gottes Wort angeleitet werden, in die Tiefe zu sehen. Denn nur da findet ein Menschenleben seine Würde. Nur da können wir die Liebe entdecken, mit der ein Herz in unserer Mitte gesegnet war. Nur da können wir die Geschichte eines Menschenlebens, das von uns genommen ist, zu *unserer* Geschichte werden lassen. Das ist wichtig, weil wir ja in der Erkenntnis eines anderen Menschen immer an Grenzen stoßen. Nie erfahren wir alles von den Menschen, mit denen wir zusammen leben. Nur Gott sieht den Menschen als Ganzen mit allen Seiten. So ist bei ihm auch alles aufgehoben, was unsere Verstorbene bewegt hat, was sie belastet hat, was sie war. Das ist mit dem Blick ins Herz gemeint: nichts geht bei Gott verloren, das Leben in seiner ganzen Wahrheit sieht er an und alles Leben kommt bei ihm zur Vollendung. Denn der Frieden Gottes, der höher ist als alle unsere Vernunft, der bewahrt unsere Herzen und Sinne in Christus Jesus, amen.

7. Maßband

Herr P. starb im Alter von 75 Jahren. Die Familie ist volkskirchlich geprägt, die jüngere Generation lebt in kritischer Distanz zur Institution Kirche. Die Frage nach der zur Verfügung stehenden Lebenszeit hat das Ehepaar P. beschäftigt, so dass das Maßband bereits im Rahmen des Gottesdienstes zum Ehejubiläum eine Rolle spielte.

Predigt: 2.Tim. 1,10

Die Gnade Jesu Christi und die Liebe Gottes und die Gemeinschaft heiliger Geistkraft sei mit uns allen, amen.

„Das Maß ist jetzt voll" hatte der alte Dachs seinen Freunden erklärt, als ihm klar wurde, dass er bald sterben würde. „Jedem Geschöpf ist ein bestimmtes Maß zugeteilt", erklärte er an einem Band mit Strichen und Markierungen. Gemeinsam erinnerten sie sich an viele Erlebnisse und Erfahrungen, die die Strecke von Null bis jetzt gefüllt und ausgemacht hatten. „Der Dachs war verlässlich, zuverlässig und immer hilfsbereit", schreibt Susan Varley in ihrem Kinderbuch „Leb wohl, lieber Dachs", das sich mit Abschied und Tod und dem, was darauf folgt, beschäftigt.[5] Eines Abends sitzt er in seinem Bau auf dem Schaukelstuhl vor dem wärmenden Kamin, sieht in einem wundervollen Traum, wie er durch den langen Tunnel geht, immer schneller und schneller; ihm ist, als wäre er aus seinem Körper herausgefallen, und als er am nächsten Morgen nicht zur gewohnten Zeit den Dachsbau verlässt, versammeln sich die Freunde am Eingang, wo der Fuchs ihnen sagt, was geschehen ist: der Dachs ist tot. Der Winter kommt und der Schnee bedeckt das Land. Aber er kann nicht die Traurigkeit der Freunde begraben. Schließlich war der

[5] Susan Varley, Leb wohl, lieber Dachs, Wien 1996

Dachs immer zur Stelle gewesen, wenn man ihn brauchte, erinnert Susan Varley. Im Frühling, nachdem jeder seine eigene Zeit der Trauer gehabt hat, kommen die Tiere wieder zusammen und reden von der Zeit, als der Dachs noch lebte. Da kommen viele Erinnerungen, als sie die einzelnen Abschnitte auf dem Maßband noch einmal betrachten: dem Maulwurf hat der Dachs beigebracht, mit der Schere und einem Bogen Papier schöne Muster zu schneiden. Der Frosch denkt an die ersten unsicheren Schritte auf den Schlittschuhen, bei denen ihm der Dachs geholfen hat. Der Fuchs ist immer korrekt gekleidet – Bügelfalte und perfekter Krawattenknoten – das hat er sich vom Dachs abgeschaut. Und Frau Kaninchen benutzt gerne das Spezialrezept für Lebkuchen aus dem Hause Dachs. Jedes einzelne war ein Abschiedsgeschenk, das der Verstorbene hinterlassen hatte und das die Tiere wie einen Schatz hüteten. So blieb der Dachs lebendig bei ihnen.

Liebe Frau P. und liebe Angehörige, liebe Freunde und liebe Trauergemeinde, in der Erinnerung an das, was das Lebensmaß gefüllt hat, bleiben unsere Verstorbenen lebendig. Als wir vor einem guten Jahr Goldene Hochzeit gefeiert haben in unserer Kirche, da spielte auch das Maßband eine Rolle. Die Strecke, die Sie miteinander verbracht haben, konnten wir anschauen und wünschen, dass noch manche Zentimetermarkierung hinzukommen möge. Ein einziger Strich ist es nun noch gewesen. Zu schwer wog die Schwäche des Herzens, so dass wir heute Abschied von E.P. nehmen müssen. Das ist das eine. Das andere sind die Ziele, die er sich selbst gesetzt hatte: die Feier der Goldenen Hochzeit, der 75. Geburtstag. Beides hat er erlebt, und er ist gestorben in dem Bewusstsein, dass sein Maß voll ist. Es kommt die Zeit, in der der Schnee das Land bedeckt, die Zeit der je eigenen Trauer. Und es kommt das Frühjahr mit seinen Erinnerungen, die Halt geben und trösten und

von denen wir nun, erst wenige Tage nach dem Sterben, nur einige bedenken können.
Am --- 1926 nahm das Maßband von E.P. seinen Anfang in O., wo er als viertes von fünf Kindern der Eheleute M. und C.P. geboren wurde. Nach der Lehre als Schneider lernten Sie sich kennen, liebe Frau P., heirateten im --- 1950 und konnten auch beruflich viel Zeit miteinander verbringen. Ein Geschäft haben Sie in O. betrieben, sind später in die Konfektionsfirma „Z“ gewechselt, bevor Sie dann bis zum Ruhestand bei der Firma „L“ angestellt waren.
1952 wurden Sie, liebe A., geboren und zunehmend rückte die Familie ins Zentrum des Lebens von E.P. Als die schönste Zeit seines Lebens hat er oft die Zeit mit den Enkelkindern B. und K. genannt. Herzensgüte und Können hat er eingesetzt für die Familie und damit Spuren hinterlassen. Groß war sein sportliches Interesse, hier besonders am Fußball, aber auch die durch die Gesellschaftspolitik gestellten Fragen nach der sozialen Gerechtigkeit weckten sein Engagement, was seinen Ausdruck auch und besonders im Rahmen der Partei fand. Nicht selten habe ich ihn getroffen bei Besuchen in den Häusern; um Gesprächsthemen war er nie verlegen. Bemüht um Aktualität hat er zu angemessenen Positionen gefunden und diese auch vertreten.
„Man muss aufhören, wenn es Zeit ist“, hat er manchmal gesagt und damit versucht, die altersbedingten Reduzierungen zu bewältigen. Diese Einsicht hielt er fest bis zuletzt, wo ihm zunehmend deutlich wurde, dass es eine Heilung nicht mehr gibt. Gerührt und gestärkt hat ihn die Treue der eigenen Familie auch in den letzten Wochen und der Kontakt zur befreundeten Familie, die trotz langer Anreise zum Besuch in die Klinik kam. Da kommt etwas zurück von dem, was man gegeben hat.

Liebe Trauergemeinde, Erinnerung tröstet und sie hilft gegen die Vergänglichkeit, die der Tod so hart in unser Leben einträgt. Trost und Hilfe möchte auch ein biblisches Wort sein, das im Losungsbuch als Spruch für diese Woche festgehalten ist. Da heißt es im 2. Timotheusbrief: *„Jesus Christus hat dem Tod die Macht genommen und das Leben und ein unvergängliches Wesen ans Licht gebracht durch das Evangelium."* Ein Vers, der über das Ende des Maßbandes hinausweist und auch im Blick auf den Tod von Leben und Unvergänglichkeit spricht in einer Weise, die unsere Erfahrung von Tod und Abschied nicht einfach wegreden will. Es wird nicht behauptet, dass der Tod beseitigt ist. Dem Apostel ist klar, wie unsinnig eine solche Rede wäre. Der Tod ist nicht beseitigt, aber die Macht soll ihm durch Jesus Christus genommen sein. Tod und Traurigkeit sind da in unserem Leben, aber nicht als letzte Wirklichkeiten. Wir müssen uns dem Dunkel des Todes nicht beugen, denn Leben, Unvergänglichkeit und Licht sollen am Ende stärker sein. So erfahren wir es durch das Evangelium. Dieses Evangelium sagt: Ihr geht mit Jesus in den Tod und ihr werdet mit ihm aufstehen zu neuem Leben, das nicht einfach die Fortsetzung des Lebens ist, wie wir es kennen, sondern verändert und befreit von allem, was belastet. Das ist das Evangelium, die Gute Nachricht also, die über unserem Lebensmaß gesprochen ist. Am Ende des langen Tunnels, wo es ist als würden wir aus unserem Körper herausfallen, steht das Licht. Durch Gottes Willen einbezogen in das unvergängliche Wesen, wird das Ende auf dem Maßband zum Durchgang in eine neue Welt.

Uns bleiben die Erinnerungen, die wir wie einen Schatz hüten. Uns bleibt die Erfahrung, das auch im Blick auf den Tod Vertrauen und Hoffnung wachsen können. Und uns bleibt unser eigenes Leben, das einbezogen ist in das unvergängliche Wesen durch das Evangelium.

Und der Frieden Gottes, der höher ist als alle Vernunft, der bewahrt unsere Herzen und Sinne in Christus Jesus, amen.

8. Garten

Ein Naturbild mit entsprechendem Text war auf der Traueranzeige zu sehen, als Frau L. im Alter von 88 Jahren starb. Die Schilderungen der Angehörigen über das Leben von K.L. waren außerordentlich umfangreich und – bisweilen spannungsvoll – vielschichtig.

Predigt: Ps. 95, 5+7

Die Gnade Jesu Christi und die Liebe Gottes und die Gemeinschaft heiliger Geistkraft sei mit uns allen, amen.

Wie ein Garten ist unser Leben, liebe Angehörige von K.L. und liebe Trauergemeinde. Da säe ich aus und ernte. Da kommt vieles zum Blühen und manches, was wachsen könnte, verkümmert. Ich lebe von den Früchten meines Gartens und ich leide unter dem, was nicht gedeiht. Um meinen Garten muss ich mich kümmern, und doch sind da auch Zeiten, in denen der Garten ohne Wasser ist, Zeiten der Dürre. Zeiten auch, in denen welkt, was vorher prächtig und farbenfroh war. Bei der Gestaltung meines Gartens gibt es Bedingungen – mein eigenes Wollen und Wünschen ebenso wie die Prägungen, Vorgaben und Bedingungen der Umwelt. Von meinem Garten kann ich zeigen, was ich will. Da sind die Wege, die die Beete sauber voneinander trennen. Und da sind auch die weniger ansehnlichen Stellen, die meiner Aufmerksamkeit vielleicht entgangen sind, die ich selber nicht näher ansehen möchte, die ich nicht in den Griff kriege, weil der Boden, auf dem ausgestreut und gepflanzt wird, dem Wachstum abträglich ist. Wie ein Garten ist unser Leben.

Der Garten ist seit alters her ein Symbol für eine umfassende Ordnung und für ein Leben in der Verbundenheit mit Gott, dem Schöpfer, „dem großen Gärtner", wie es manchmal heißt und von Emil Nolde gemalt wurde. Während ein wild wachsender Wald als bedrohlich empfunden wird, sieht man in dem umhegten, fruchtbaren Garten ein göttliches Geschenk, ein Stück der anvertrauten Schöpfung, das den Körper nährt und die Seele erfreut.

Vielleicht hätten diese Gedanken K.L. etwas gesagt, denn schließlich hat sie die Gartenpflege geliebt. Ich habe unsere Verstorbene persönlich nicht gekannt, aber meine Erfahrung sagt mir, dass Menschen, die in besonderer Verbundenheit mit dem Garten sind, darin auch oft ein Bild der Persönlichkeit und der Lebensgeschichte zeigen.

Wenn wir in der Erinnerung ein Stück durch den Lebensgarten von K.L. gehen, dann sehen wir sie am --- 1920 eintreten als Tochter der Eheleute D. und H.S. Hier in P. wuchs sie mit den drei Geschwistern auf, hier erlebte sie Schulzeit und Konfirmation.

Gehen wir ein Stück weiter in diesem Lebensgarten, erscheint ein weiterer Kreis von Menschen. Die Lehre als Fachverkäuferin in W – morgens früh gelaufen nach N. zum Zug. Die Kolleginnen und Kollegen und vor allem die Kundschaft, die vielen Begegnungen mit Menschen, denen sie nicht nur die gewünschte Ware verkauft hat, die sie vielmehr gut beraten hat. K.L. war kontaktfreudig und sie hat ihren Beruf geliebt.

Im September 1937 haben K. und H.L. geheiratet, 1938 und 1942 wurden die Kinder A. und J. geboren. Es folgten entbehrungsreiche Wegstrecken während des Krieges, beim Hausbau in viel Eigenleistung und in der Begleitung, der Pflege und dem Abschied mancher Angehöriger. Schwere Erfahrungen und tragische Erlebnisse wurden prägend, so dass sich ein großes Bedürfnis nach Sicherheit, manche Sorge und Befürchtung einstellten. K.L. hat sich viele Gedanken gemacht und sie hat sich gekümmert um die, die allein waren. 1970 wurde ihre Ehe geschieden, ein Jahr später schied der Ehemann aus dem Leben. Dunkle Wolken über dem Lebensgarten blieben nicht erspart.

Wir sehen aber auch die vielen fruchtbaren und hellen Orte im Garten unserer Verstorbenen. Dazu gehörten die enge Verbundenheit in der Familie und das große Glück über drei Enkel und fünf Urenkel, an deren Entwicklung K.L. regen Anteil genommen hat. Dazu gehören die Reisen, die sie gern unternommen hat – vor allem nach Australien, wohin es den Sohn vor 35 Jahren zog, die Geselligkeit, die sie erlebt hat bei den Treffen der Schulkameraden und vor allem in der Frauenhilfe der Kirchengemeinde. Das Vertrauen in die Wege Gottes gehört als wichtige Lebens- und Schaffenskraft mit in unser Bild von diesem Garten.

Seit einigen Monaten, seit dem Tod des Schwiegersohnes im vergangenen Jahr konnten Sie die Sonne über dem Lebensgarten langsam untergehen sehen. Manche Operation hat sie mit viel Lebensmut überstanden, doch nun nahm sie zunehmend Abschied von der aktiven Seite des Lebens. Unter den eingeschränkten Bewegungsmöglichkeiten und dem Gefühl nachlassender Kräfte hat K.L. gelitten. Einfach einschlafen wollte sie beim Sterben und so ist sie am --- Oktober gestorben in O., wo sie sich zur Kurzzeitpflege aufhielt. So wie das Leben vom Glauben an Gottes Verheißung getragen war, so war es das Sterben auch in der Zuversicht auf eine neue Heimat, die ewig ist bei Gott. Licht durch das Dunkel des Todes, damit der Lebensgarten wieder blühen kann.

Wie ein Garten ist unser Leben, liebe Trauergemeinde. In der biblischen Losung für diesen Tag habe ich Sätze gefunden, die ich in unsere Trauerfeier eintragen möchte. Sie stellen den Bezug zur Schöpfung her und sprechen auch von der Bewahrung alles Geschaffenen. Im 95. Psalm heißt es: *„Gott ist der Fels unseres Heils. In seiner Hand sind die*

Tiefen der Erde und ihm gehören die Gipfel der Berge. Das Meer ist ihm und auch das Land. Er ist unser Gott und wir gehören zu ihm. Er sorgt für uns und leitet uns jetzt und in Ewigkeit."

Diese Psalmworte kommen aus einem tiefen Vertrauen, wie es auch K.L. hatte. Gott als Schöpfer umschließt die ganze Erdenwelt und so auch unseren kleinen Lebensgarten. Von der unerforschlichen Meerestiefe bis zum höchsten Gipfel, vom Festland bis zu den Ozeanen hat er das Leben in seiner Hand. Grenzenlos ist seine Macht und ebenso grenzenlos ist seine Hilfe. Als dieser Psalm damals im 4. Jahrhundert vor Christus gesprochen wurde, wussten die Menschen, die es hörten, bescheid: Wenn vom *Fels des Heils* die Rede ist, dann kam die Erinnerung auf an den Gott, der sich in bedrohender Gefahr wie ein schützender Fels gezeigt hat, dann wusste man um den wasserspendenden Felsen in der Wüste und man fand in diesem Bild den festen Grund unter den Füßen. Ein Vertrauenslied, liebe Trauergemeinde, das wir in diesem Abschied von K.L. nachbuchstabieren.

Wir sind ein paar Schritte durch den Lebensgarten unserer Verstorbenen gegangen, haben uns erinnert, manches noch einmal vor dem inneren Auge gesehen, in Zusammenhang gebracht und gedeutet. Aber mit dem Psalmvers bleiben wir nicht beim Blick in die Vergangenheit stehen. Wir können auch etwas über die Zukunft sagen. Vielleicht deshalb, weil wir durch den Vers ermutigt sind zu ahnen, dass wir auf eine neue Zukunft hin geschaffen wurden. *„Gott sorgt für uns und leitet uns – jetzt und in Ewigkeit."* Wir müssen nicht für alles sorgen. Wir können abgeben in Gottes Hand, in der das Gestern bewahrt und das Heute und das Morgen aufgehoben sind. Das ist Gottes Angebot und seine Zusage für unsere Verstorbene und auch für uns und unseren eigenen Lebensgarten.

Und der Frieden Gottes, der höher ist als alle Vernunft, der bewahrt unsere Herzen und Sinne in Christus Jesus, amen.

9. Himmel und Hölle

Frau M. stammte aus einer dörflich strukturierten, evangelikalen Gemeinschaftsbewegung. Lebensziel war die Leidensnachfolge Christi und ein entsprechendes Zeugnis an die Welt. Ein gewisser Missionseifer sorgte bisweilen für Konflikte im Familiensystem. Zugleich genoss sie durch ihr zugewandtes, liebenswürdiges Wesen, durch ihren Humor und ihre Kritikfähigkeit Ansehen und Wertschätzung in ihrer Familie und in der Kirchengemeinde. Sie starb im Alter von 92 Jahren.

Predigt: Acta 2,26-28

Die Gnade Jesu Christi und die Liebe Gottes und die Gemeinschaft heiliger Geistkraft sei mit uns allen, amen.

Viele Bekenntnisse hat H.M. uns gegeben, liebe Angehörige, liebe Freunde und Nachbarn und liebe Trauergemeinde. Viele Bekenntnisse an die Familie und an die Geschwister im Glauben, weil es ihr wichtig war, dass erkannt wird, auf welchem Boden unser Leben letztlich stehen kann. Viele Bekenntnisse, oft genug kleine Predigten; Trostpredigten und Strafpredigten, manchmal war's auch eine Gardinenpredigt. Viele Bekenntnisse in der Hoffnung, sie würden gehört und für's eigene Leben angenommen als Hilfe für jeden neuen Tag.

Heute legt sie noch einmal ein Bekenntnis vor uns ab, denn sie hat sich für diesen Tag neben den Liedern, die wir singen, auch Bibelverse selbst gewählt und wie könnte es anders sein: es sind Bekenntnisse aus einer Predigt des Apostel Petrus, sozusagen der Kernpunkt christlicher Glaubenshoffnung, so wie es H.M. angemessen erschien, beim Abschied noch einmal das Wesentliche für das eigene Leben und für das Leben überhaupt mitzuteilen. Abschied ist die Zeit, da jeder noch einmal in sich gehe, da nicht plauderhaft Wortverschwendung begangen werde,

da es noch einmal um das Wichtigste gehe, um das Leben, liebe Gemeinde.
Ich lese uns die beiden ausgewählten Verse aus dem 2. Kapitel der Apostelgeschichte:
„Darum ist mein Herz fröhlich, und meine Zunge frohlockt; auch mein Leib wird ruhen in Hoffnung. Denn du wirst mich nicht dem Tod überlassen und nicht zugeben, dass dein Heiliger die Verwesung sehe. Du hast mir kundgetan die Wege des Lebens; du wirst mich erfüllen mit Freude vor deinem Angesicht."
Diese Verse hat H.M. uns also vermacht, liebe Angehörige und liebe Trauergemeinde. Diese Verse stammen aus einer Situation, da die Leidenszeit Jesu, die Passionszeit und das erste Osterfest wenige Wochen zurück liegen. Petrus hat Gelegenheit, in Jerusalem zu den Leuten zu sprechen. Das war etwas Besonderes und darum wählt er das wichtigste Thema aus: Er spricht über Leben und Tod. Er spricht von der Auferstehung Jesu und davon, dass Jesus wiederkommen wird. Vorher allerdings soll es Hinweise geben: Wunder oben am Himmel und unten auf der Erde Zeichen wie Blut und Feuer.
Als Kinder haben wir manchmal „Himmel und Hölle" gespielt. Ein einfaches Stück Papier gefaltet, aufklappbar nach zwei Seiten – blau für den Himmel als Ort des höchsten Glücks und der Erfüllung und feuerrot für die Hölle als Ort der Qual und des Schweren. Und dann hast du dir eine Frage über die Zukunft gestellt und eine Zahl gesagt; so oft wechselten Himmel und Hölle vor deinen Augen, bis schließlich die Zukunft durch das Spiel entschieden war. Generationen von Kindern haben es gespielt und mussten doch bald feststellen, dass das Leben kein Spiel ist und die Zukunft nicht nur Schicksal, sondern was mit Entscheidungen zu tun hat. Und Generationen von Kindern haben

gelernt, dass Himmel und Hölle nicht nur über und unter die Erde gehören, sondern sich auf der Erde vor den eigenen Augen abspielen können. Für viele ist's ein Lebensbild geblieben, weil die Spannung das Leben bestimmt hat, die Spannung von Himmel und Hölle mitten auf der Erde, von Erfüllung und Belastung auf dem eigenen Weg. Ich habe mal mit H.M. darüber gesprochen und hatte den Eindruck, sie konnte mit Himmelblau und Feuerrot was anfangen.
Sie selbst hat ihr Leben, das am --- 1911 in K., wo sie als Tochter von P. und S.B. geboren wurde und mit den zwei Brüdern aufwuchs; sie selbst hat ihr Leben bisweilen als ausgesprochen schwer beurteilt. Die Bilder zweier Kriege prägten sich ein, die Gründung der Familie nach der Hochzeit mit A.M. 1930 unter schwierigen Bedingungen kostete Kraft, wie auch der Bau des eigenen Hauses 1949, wo die Bruchsteine aus dem kriegsversehrten F. herangeschafft wurden. Die Abschiede von der Tochter S. 1986 und dem Sohn J. 1995 lagen ihr schwer auf der Seele. Der Tod des Ehemannes 1989 blieb in ihren Erzählungen oft auffällig kommentarlos. Viel Arbeit in der Zigarrenfabrik, in Heimarbeit, und in Haus und Garten bis ins hohe Alter wurde nicht mit den Kleidern in den Schrank gehängt.
Das Elend in den Krisengebieten dieser Welt nahm sie sich zu Herzen und litt darunter. Die gesundheitlichen Probleme der letzten Jahre setzten ihr zu. Dies alles hat ihre in Kindertagen gewachsene Frömmigkeit vertieft, so dass sie überzeugt sagen konnte, es helfe letztlich nur das Beten. Auf einem von vielen Zetteln, wo sie nach Gottesdiensten und Frauenhilfsstunden ihre Gedanken festgehalten hat, heißt es: „Ich habe noch mal nachgedacht und gebetet. Mein innigster Wunsch wäre aus tiefstem Herzen, dass sich alle Menschen zu Gott bekennen würden und nach seinem Wort handeln, auch die Politiker."

Viele solcher eigenen Gedanken, Blätter aus dem Neukirchner Kalender und Zeitungsausschnitte habe ich im Lauf der Jahre gesammelt. Und oft spricht sich darin die Verbundenheit mit Christus im Leiden, die Identifikation mit der Opferrolle, der Streit zwischen Himmel und Hölle im eigenen Dasein aus. Jedem von uns fallen sicher zu diesen Lebensausschnitten viele eigene Erfahrungen mit unserer Verstorbenen ein.

In Gottvertrauen und Gebet hat H.M. Hilfe gefunden und konnte sich auch freuen, vor allem darüber, dass sie achtfache Oma, siebenfache Uroma und dreifache Ururoma werden konnte. In Gottvertrauen und Gebet hat sie manch erfahrener Hölle ein Stück Himmel abgetrotzt und dies immer in dem Bewusstsein, Gott als Begleiter zu haben mit hellen und mit dunklen Seiten.

Die Termine ihrer Kirchengemeinde haben neben der Arbeit den Alltag wie den Sonntag strukturiert. Christlich-geschwisterliche Verbundenheit – vor allem im Kreis der Frauenhilfe – hat sie gepflegt. So hat sie unglaublich viel Energie gehabt, viel Energie in der Freude wie im Ärger, im Wunsch, andere zu erfreuen, wie in ihrem Drang zurecht zu weisen. Sie hat viel gegeben und auch viel erwartet. Gebraucht zu werden, tat ihr gut; in aller Selbstständigkeit auch andere zu brauchen, wurde mehr und mehr zur Realität. So hat sie aus dem Kreis ihrer Angehörigen und Freunde Fürsorge erfahren, in besonderer Bezogenheit aufeinander mit Ihnen, lieber O., als jüngstem Sohn unter einem Dach gelebt.

Auch hat sie es sich und anderen manchmal nicht leicht gemacht und war in allem doch liebenswert echt. In Begegnungen und Gesprächen habe ich die kostbare Erfahrung gemacht, dass in den ganz besonderen Momenten des Lebens eine Stunde mehr sein kann als viele Jahrzehnte,

so sehr konnte sie in die Tiefe der Lebensthemen gehen, um Frieden zu finden zwischen Himmelblau und Feuerrot.
So wie sie ihr Leben als schwer empfunden hat, so war auch ihr Sterben schwer. Zum Umzug ins Altenheim nach Z. im vergangenen September gab es keine Alternative. Und auch hier täglich besucht und versorgt von ihrem Sohn. Der altersbedingte körperliche Abbau setzte sich fort und brachte manch schmerzhafte Behandlung mit sich, bis H.M. schließlich vor 14 Tagen sterben konnte.
Und nun heißt es heute, da wir Abschied von ihr nehmen, noch einmal ganz zuversichtlich: *„Mein Leib wird ruhen in Hoffnung, denn du, Gott, wirst mich nicht dem Tod überlassen. Du hast mir kundgetan die Wege des Lebens; du wirst mich erfüllen mit Freude vor deinem Angesicht."*
Petrus nimmt diese Gewissheit aus der Auferstehung Jesu Christi, der als Mensch unter Menschen gelebt, die Erfahrung der Hölle geteilt, die Spannung von Himmelblau und Feuerrot erlitten und schließlich überwunden hat. Er hat die Wege des Lebens kundgetan, indem er als Mensch so sehr im Vertrauen auf Gott lebte, dass er dem Tod keine Macht einräumte, die Angst nicht als Argument für ein möglichst unauffälliges und angepasstes Dasein gelten ließ, der Lüge keinen Raum gab und der Gewalt nicht das Wort redete. Gegen all dies hat er schlicht und einfach die Liebe zum Maß aller Dinge gemacht.
Wenig später wird der Apostel Petrus seine Predigt am eigenen Leib erfahren. Als einer der Köpfe der ersten christlichen Gemeinden gefangen genommen, eingesperrt, von vier Wachen mit Ketten gefesselt und in die Hölle mitten auf Erden geworfen, wird ein Engel kommen und ihn aufwecken aus dem Schlaf des Todes, und er wird hinausgehen aus dem Kerker und nichts wird ihn halten: keine Fesseln, keine Gefängnismauern, kein Todesurteil.

Auf die Wege des Lebens gesetzt und erfüllt mit Freude vor Gottes Angesicht, nicht den kleinen alltäglichen Toden überlassen und auch nicht dem letzten großen Tod – mit diesem Vertrauen breitet sich der Himmel aus. Am Ende bleibt das Blau, liebe Trauergemeinde. Diese Botschaft war das Bekenntnis von H.M., das Vertrauen ins Leben mit Gott letztlich ihr Wille, das ewige Leben ihre Hoffnung und ihr Ziel, die Erfüllung Gottes Werk an ihr und an uns.

Und der Frieden Gottes, der höher ist als alle Vernunft, der bewahrt unsere Herzen und Sinne in Christus Jesus, amen.

10. Taschentuch

Herr E. war als stiller Zeitgenosse bekannt, der keinen Wert auf prestigeträchtige Äußerlichkeiten legte. In einer Gruppe Gleichaltriger überließ er anderen das Wort, fiel nicht auf. Manchem galt er als einer von etwas schlichtem Gemüt, als einer, mit dem nicht viel anzufangen ist. Erst bei näherem Kennenlernen ließen sich Tiefe und Weisheit erahnen. L.E. starb kurz nach dem Osterfest im Alter von 89 Jahren.

Predigt: Johannes 8, 51

Die Gnade Jesu Christi und die Liebe Gottes und die Gemeinschaft heiliger Geistkraft sei mit uns allen, amen.

Liebe Familie E, liebe Angehörige und liebe Trauergemeinde, „in einer immer lauter werdenden Welt muss der Wert der Stille erst wieder entdeckt werden. Vielleicht haben wir es vergessen, aber wir tragen die uralte Weisheit der Stille in uns." Diesen Gedanken fand ich in einem kleinen Bändchen von Bruno Döring mit dem Titel „Schenk dir Stille", das mir wieder einfiel, als ich über den Weg von L.E. nachdachte. Er muss etwas von diesem Wert der Stille gewusst haben, muss etwas geahnt haben von der uralten Weisheit in uns; denn er war kein Mann, der verschwenderisch mit Worten umging. Mitten in einer redseligen Kultur wie der unseren, wo zwischenmenschlicher Austausch zum größten Teil ein Austausch von Worten ist, konnte er schweigen. „So still wie er gelebt hat, ist er auch gegangen", haben Sie, liebe Angehörige, in der Traueranzeige formuliert. Und in der Tat: L.E. war kein lauter Zeitgenosse. Er hat vieles getan, hat sein Leben gefüllt – bisweilen überraschend und erstaunlich – erkennbar auf den zweiten oder dritten Blick, weil er eben nicht viel Worte darum machte. Er hatte viele Interessen, die er aber nicht wortreich kommentieren musste: Interesse an aktuellen Ereignissen, Interesse am Lesen, Interesse an der Musik als Jahrzehnte langes Mitglied im Gesangverein und natürlich am Sport von Jugendtagen an bis zuletzt. Mit dem beginnenden Ruhestand hat er den Führerschein gemacht, was erst deutlich wurde, als er Auto fuhr – er sprach vorher nicht davon. Alles zu seiner Zeit. Er hatte guten Kontakt zu Enkeln und Urenkeln, zu Kindern also. Da genügen oft wenige Worte zum Verstehen zwischen Kindern und Alten – das Selbstverständliche kann selbstverständlich bleiben. Im Vordergrund stehen ein Blick, ein Lächeln, Zeichen der Nähe und das Spiel.

Liebe Trauergemeinde, mir scheint, es wäre unangebracht, fast ein wenig anmaßend, wollten wir heute am Sarg von L.E. viele Worte machen. Doch es soll ja gesprochen werden in diesen Abschied hinein, wo wir ein gutes Wort brauchen. Und weil es nun eher die stillen Zeichen waren, in denen sich unser Verstorbener ausdrückte, in denen sein Leben Gestalt nahm, in denen sein Wesen sich mitteilte, möchte ich ein solches Zeichen zu Wort kommen lassen. Es ist ein einfaches Taschentuch und Sie, liebe Angehörige, wissen gleich um die Bedeutung: L.E. hatte immer ein solches Stofftuch bei sich, akkurat gefaltet als Zeichen für die ihm eigene Genauigkeit und Korrektheit. Ein solches Tuch kann neben dem ursprünglichen Zweck vielfach Verwendung finden. Es kann zum stillen Gruß genutzt werden, und ich sehe L.E. bei einem Spaziergang durch das Dorf, und aus seinem stillen Gruß, aus den knappen Worten im Vorübergehen spricht viel Freundlichkeit und Gutmütigkeit, auch der genügsame Blick auf den bescheidenen Umgang mit sich und dem Leben.

In ein Tuch kann man auch einen Knoten machen gegen das Vergessen, einen Knoten des Erinnerns der Lebensgeschichte von L.E.: Am --- 1912 wurde er hier in H. geboren als zweites Kind von A. und P.E. In je

eigener Prägung wuchsen die Kinder der Familie, O., L. und V. hier am Ort auf. Bei der Firma Q. absolvierte er die Lehre zum Werkzeugmacher und arbeitete ohne Unterbrechung bis 1945 in der Firma. 1936 heiratete er M.B. aus H., 1937 wurde der Sohn R. geboren. Nach dem Krieg fand L.E. eine Anstellung als Schlosser bei der hiesigen Firma Z., wo er bis zum Ruhestand beschäftigt war, sozusagen quer über die Straße.
In seiner zurückhaltenden Art wurde das Leben immer so gestaltet wie die Kräfte es zuließen. Und als in den letzten Jahren die Kräfte abnahmen, konnte er die Einbindung in die Familie erfahren, wo er betreut wurde im selbstverständlichen Umgang mit Alter und Schwäche bis hin zum Tod, als schließlich der Kreis sich am anbrechenden Dienstag in stiller Weise schloss. Der Knoten im Tuch zur Erinnerung an diesen Lebensweg.
Schließlich diente das Tuch zum Abwischen der Tränen in der Trauer um den Tod der Ehefrau im --- 1995, Tränen über das Ende des guten Miteinanders in der Gemeinschaft der Ehe. Traurigkeit auch beim Tod des Bruders, auf den Tag genau vier Wochen vor dem eigenen Sterben.
Liebe Angehörige und liebe Trauergemeinde, ein Symbol spricht zu uns in wenigen Worten über Wesen und Weg eines Menschen. Es weckt Erinnerung, die lebendig werden lässt, wonach der Tod gegriffen hat. Genau das ist das Geheimnis des Osterfestes, das wir gerade vor wenigen Tagen gefeiert haben. Nach der Kreuzigung und der Bestattung tritt Jesus in den Kreis seiner Freunde. Nicht an seiner Person erkennen sie ihn gleich, sondern an den symbolischen Handlungen, die er zeigt, verbunden mit ganz wenigen Worten. Da wird Geschichte lebendig, vergeht nicht in der Dunkelheit des Todes, atmet den Hauch der Ewigkeit. *„Wer an meinem Wort festhält, wird den Tod nicht sehen in Ewigkeit“*, sagt Jesus im 8. Kapitel des Johannesevangeliums. Es

müssen nicht die vielen Worte sein, nicht das Zerreden, nicht das wortreiche Erklären. Es geht allein um dieses eine Wort, das Wort vom Leben, das in Jesus Mensch geworden ist, damit alle sehen können, dass Gott auf der Seite des Lebens steht und der Tod Stück um Stück seine Macht verliert. Es geht um das Wort Gottes, das nicht aus Buchstaben besteht, sondern aus Fleisch und Blut, aus liebevoller Zuwendung, aus menschlicher Begegnung, aus heilsamer Berührung. So geht dieses Wort Gottes nicht durch das Ohr, sondern durch unser Herz, und diese lebendige Erfahrung ist stärker als der Tod. Ein kurzes Wort: Wer daran festhält, spürt die Ewigkeit.

Und der Frieden Gottes, der höher ist als alle Vernunft, der bewahrt unsere Herzen und Sinne in Christus Jesus, amen.

Statt eines Nachworts...

11. Kippbild

Herr B. starb im Alter von 59 Jahren. Er galt als Sonderling und „verkrachte Existenz“, denn er lebte zurückgezogen. Schroff und abweisend ist er oft anderen begegnet und hat so für die für ihn notwendige Distanz gesorgt. In Wahrnehmung und Wissen darum, dass es in jedem Leben viele Seiten gibt, kann mit Ulrike Wagner-Rau ein zentraler Aspekt kirchlicher Kasualpraxis festgehalten werden: „Kasualien sind ein Angebot, das unabhängig ist vom sozialen Status derer, die danach fragen... Der Kasualgottesdienst kann eine wichtige Bedeutung haben, weil er den unterschiedslosen Wert eines jeden Lebens vor Gott erfahrbar werden lässt.“[6]

Predigt: 1.Sam. 16,7

Die Gnade Jesu Christi und die Liebe Gottes und die Gemeinschaft heiliger Geistkraft sei mit uns allen, amen.

Liebe Trauergemeinde, ich habe aus der Kartei der Gemeindeglieder die Karte von M.B. herausgesucht und habe festgestellt, dass es auf dieser Karte kaum einen Eintrag gibt. Außer Name, Wohnung und Geburtstag ist kein Vermerk zu finden. Keine Familienangehörigen sind verzeichnet, denn M.B. war nicht verheiratet und hatte keine Kinder. Keine biografischen Daten sind eingetragen und keine persönlichen Begegnungen, denn M.B. hatte kaum Kontakt zu anderen Menschen. Eine leere Karte, liebe Gemeinde, und doch kein unbeschriebenes Blatt. Von Gott heißt es im 1. Samuelbuch, er schaue das Herz des Menschen

[6] Ulrike Wagner-Rau, Segensraum, Stuttgart 2008, S.35

an, während Menschen nur sehen, was vor Augen ist. Und wenn das stimmt, und wenn wir ein Stück Anteil gewinnen wollen an dem Blick Gottes, der in die Tiefe geht, dann ist doch manches zu sagen über das Leben, von dem wir heute Abschied nehmen in Würde, gerade weil wir vielleicht oft den Eindruck hatten, dass dieses Leben über weite Strecken der Würde entbehren musste.

Wenn wir ein Stück Anteil gewinnen am göttlichen Blick, dann ist es wie bei diesen bekannten Bildern, wo man auf den ersten Blick etwas erkennt – ein geschwungenes Glas, einen Kelch oder eine Urne. Dann aber beim zweiten Hinschauen etwas ganz anderes – zwei Gesichter nämlich, die sich begegnen. „Kippbilder" werden sie genannt, diese Abbildungen, die unser Sehen auf die Probe stellen und die je nachdem, welche Bildanteile wir als Vordergrund oder Hintergrund wahrnehmen, etwas anderes zeigen. Kippbilder können zum Wechsel der Wahrnehmung führen; sie lassen Aspekte, die auf den ersten Blick unbeachtet blieben, plötzlich in den Vordergrund treten. In einer Trauerfeier bleiben wir nicht beim Glas stehen, sondern suchen noch einmal die Begegnung mit dem Menschen. Wir bleiben nicht stehen bei der Urne, sondern sprechen über das lebendige Angesicht Gottes.

M.B. wurde am --- 1940 hineingeboren in eines der ersten Häuser im Brückenweg, wo seine Mutter L. mit den Großeltern lebte. Als der Vater K.B. aus dem Krieg zurückkehrte, kam es zur Trennung der Eltern. Der Vater ging ins Ruhrgebiet, wo in einer neuen Ehe die Halbgeschwister A. und V.B. geboren wurden. M. wuchs unter widrigen Umständen heran. Viel körperliche Arbeit, wenig Zuwendung und keine Anbindung in der Dorfgemeinschaft. Andererseits muss er ein interessiertes Kind gewesen sein, das das Klavierspiel lernte und in der Schule gute Ergebnisse erzielte.

Unterschiedliche Berufstätigkeiten hat M.B. ausgeübt, bis er 1989 einfach aus dem Berufsleben ausstieg. Lange hatte er schon zu viel dem Alkohol zugesprochen und doch ist immer wieder zu hören, er sei fleißig gewesen und habe gute Arbeit abgeliefert.

Offensichtlich prägten Gegensätze seine Persönlichkeit. Nach einem Unfall im Herbst 1990 – die Mutter war bereits zweieinhalb Jahre zuvor gestorben – musste er mit schweren Kopfverletzungen in die Heil- und Pflegeanstalt. Mit Ihnen, Herr Z., wurde ein Betreuer bestellt, und Sie machten es möglich, dass er wieder in seine Wohnung zurückkehren konnte, weil Unterstützung und Versorgung durch Sie, liebe Frau O., im Haus gegeben war. M.B. ließ wenige Menschen an sich heran; Vertrauen und die Fähigkeit zu einer liebevollen Beziehung waren verloren gegangen. Nur ganz selten und ganz wenigen Menschen gab er sich menschlich zu erkennen. Gewöhnlich wies er andere ab. Und dann konnte man ihn beobachten, wie er sich einer Katze herzlich zuwandte. So hat er gelebt, bis im Oktober sein Zustand schlagartig schlechter wurde und er das Bett nicht mehr verließ. Die Untersuchungen in der Klinik ergaben eine inoperable Krebserkrankung. Vierzehn Tage war M.B. noch im Pflegeheim in P., musste wegen eines Oberschenkelbruchs noch einmal operiert werden und starb dann am 21. November, am Ewigkeitssonntag.

Liebe Trauergemeinde, wenn wir ein Stück vom Tiefblick Gottes gewinnen, erkennen wir die unterschiedlichen Seiten eines Lebens und wir merken, dass wir nicht einfach sagen können: ein Leben ist so oder so! Die Menschen des Alten Testaments waren der Meinung, nur Gott kenne ein Leben wirklich und ganz. Im 16. Kapitel des 1. Samuelbuches heißt es, wie vorhin schon einmal angeklungen: *„Ein Mensch sieht, was vor Augen ist; Gott aber sieht das Herz an.“* Da war der Schreiber des

Samuelbuches sehr weise, denn er wusste, wie wenig wir oft über ein anderes Leben wissen, wie wenig wir von einem anderen zu Gesicht bekommen, ja wie wenig wir manchmal sogar über uns selbst wissen: Dinge, die uns an uns selbst merkwürdig vorkommen; Gefühle, die uns plötzlich einholen; Einsichten, die wir nicht für möglich gehalten hätten. So werden wir auch das Herz eines anderen nicht völlig erkennen. Und wenn ich sage, wir könnten ein Stück vom Tiefblick Gottes gewinnen, dann meine ich ein Stück von der *Art* seines Blickes, die eine liebevolle ist. Und mit dieser liebevollen Art können wir tatsächlich mehr Seiten an einem Leben entdecken, als es der erste, vordergründige Augenschein zulässt. Wirklich in die Tiefe sieht nur Gott. Gott sieht ins Herz und er versteht, was da vielleicht war an vergeblicher Sehnsucht, an Hoffnung, die nicht erfüllt war, an Bewältigung und an Sinn auch. So sieht er auch unseren Verstorbenen an, beschenkt mit neuem Leben. Und so macht er mit jedem Tod, dem wir begegnen, uns Mut, das Leben zu bejahen und zu fördern.

Und der Frieden Gottes, der höher ist als alle Vernunft, der bewahrt unsere Herzen und Sinne in Christus Jesus, amen.

Literatur

Cassirer Ernst, Philosophie der symbolischen Formen, Hamburg 2010

Langer Susanne, Philosophie auf neuem Wege, Frankfurt 1965

Lorenzer Alfred, Kritik des psychoanalytischen Symbolbegriffs, Frankfurt 1972

Tillich Paul, Systematische Theologie, Bd 1, Berlin 1958

Wagner-Rau Ulrike, Segensraum, Kasualpraxis in der modernen Gesellschaft, Stuttgart 2008

Witte Katharina, Die Kunst des Denkens in Bildern in: Buer Ferdinand, Praxis der psychodramatischen Supervision, Opladen 2001

Zur Person:

Bernd Nagel, Jahrgang 1963, ist Pfarrer, Supervisor und Psychodramaleiter (DGfP) und arbeitet seit 2009 im Zentrum Seelsorge und Beratung der Ev. Kirche in Hessen und Nassau als Studienleiter für Seelsorgeaus-, fort- und -weiterbildung.

Printed by Books on Demand GmbH, Norderstedt / Germany